종로미각

설렁탕부터 떡볶이까지,
전통이 살아 숨쉬는
K-푸드 가이드

종로미각

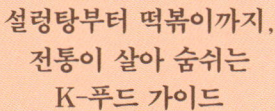

정유선
문현선
이유라
외 지음

문학동네

차례

서문 7

식사류

뼈와 살이 만나서 어우러지는 진국, **설렁탕**_문현선 15

피맛골의 전설, **선지해장국**_이유라 31

융합과 진화를 담은 전통의 맛, **삼계탕**_강설금 43

새벽을 여는 사람들의 참, **닭한마리칼국수**_문현선 55

고급 음식에서 대중음식으로, **돈가스**_최준란 69

고기류

영양도 맛도 잔칫집처럼 풍성한 맛, **불고기전골**_최영희 85

족발로드의 시작, **족발**_정나영 101

언제 어디서나 즐거운 청춘의 맛, **치킨**_정유선 117

안주류

맵부심의 원조, **낙지볶음**_유수민   133

돈 있어도 부쳐 먹는 K-푸드, **빈대떡**_권운영   147

간식류

시대를 넘나드는 맛, **만두**_김민호   159

고급 요리, 국민 간식이 되다, **떡볶이**_이유라   177

켜켜이 쌓아올린 이천 년의 달콤함, K-디저트의 원조, **약과**_최진아   191

과자 상자 속 새하얀 눈, **모나카 아이스크림**_김지선   203

현ㅎ 위의 인생, **커피**_정유선   219

주류

막걸리를 빼고 서울의 봄을 논하지 말라, **서울장수막걸리**_김효민   237

네 가지 맛으로 천변만화하는 서민의 술, **진로소주**_임대근   251

일러두기

고유명사 표기는 국립국어원 어문 규정을 따랐으나 광범위하게 통용되는 명칭이 있을 때는 이를 참조했다.

서문

세계로 뻗어가는 K-푸드의 풍성한 이야기

어느 해 마지막날 보신각 타종 소리를 직접 들으며 새해를 맞겠다고 어스름한 저녁부터 종로로 향한 적이 있다. 세밑 매서운 추위를 마주하자 결연했던 마음이 슬그머니 움츠러들었다. 그래서 한밤중까지 여기 남아 있으려면 저녁을 든든히 잘 먹어야겠다 하고 당위적인 보상을 내게 주기로 했다. 무엇을 먹을까 고민하며 종로 일대에 빼곡히 들어선 노포 식당을 이리저리 기웃거렸다.

그날 종로의 크고 작은 골목 식당은 거의 모두 사람들로 가득했다. 길과 맞닿은 유리창 너머로 밥 먹는 사람, 밥 먹고 나가는 사람, 또 밥 먹으러 들어오는 사람, 음식 하는 사람, 음식 나르는 사람, 계산하는 사람들로 북적이는 모습이 보였다. 그들의 분주한 움직임, 옆 사람의 말소리가 들리지 않을 정도로 시끄러운 주변, 온갖 냄새가 뒤섞인 열기로 인해, 뿌옇게 김이 서린 유리창은 간간이 식은땀마저 흘리고 있었다.

  문을 열고 저 좁디좁고 무질서한 곳으로 들어가 밥을 먹는다는 것. 그것은 무슨 일이 벌어질지 모르는 상황에서 나에게 주어진 역할을 재빨리 찾아내서 아무런 망설임도 없이 척척 해내겠다는, 대단한 결심을 필요로 하는 행위였다. 그럼에도 북적이는 식당을 겨우 비집고 들어가 빈 자리를 찾아 앉아 밥을 먹는 이유는 무엇일까? 지난한 과정을 거쳐 첫술을 뜨는 순간, 이 아수라장이 정겨움과 뿌듯함의 공간으로 바뀌기 때문이다. 종로는 내내 이런 곳이었다.

  조선시대 한양에서 시작된 종로의 종소리는 일제강점기 경성을 거쳐 대한민국 서울에 이르렀다. 한양이었을 때는 도성문을 열 때와 닫을 때를 알려주었고, 경성이었을 때는 나라를 빼앗겨서인지 되찾을 때까지 고요했다. 서울이 된 후엔 한 해의 끝과 시작을 알리는 종소리로 새롭게 울려퍼지기 시작했다. 종소리는 세상과의 소통과 교류를 통해 깨달음을 주는 하나의 에피퍼니epiphany 구실을 해왔다. 그랬기에 전국 팔도의 사람들이 구름처럼 몰리는 한양에서 제일 번화한 곳인 운종가雲從街 한복판에 종루를 짓고 종을 걸었나보다. 이곳을 종로라고 부르는 까닭도 이 종 때문이다. 세월이 흘러 대한민국 서울에서도 여전히 종로는 중심이다.

  소리에는 경계가 없다. 소리는 사람이 의식하든 의식하지 않든 아무런 구애를 받지 않고 공평하게 널리 퍼져나간다. 그런 의미에서 종로는 종소리가 닿는 옛 서울의 중심을 두루 아우르는 상징적 지명이기도 하다. 근대 시기 신문물이 처음 들어온 명동부터 생명을 부지하고자 했던 서민의 분투기가 남아 있는 동대문시장 일대까지, 사대문 안팎의 한국의 역사를 보여줄 수 있는 축소판이 종로다. 음식은 장소를 그대로 닮는다. 오랜 기간 사람이 몰린 종로에는 노포도 몰려 있다. 이들 노포는 종로로 국내외 모든 종류의 음식을 담고 나른다. 종로는 음식 하나하나를 지역적 틀 속에 묶어두지 않는다. 오히려 종소리처럼 모든 음식을 차별 없이 품기도 하고 내보내기도 한다. 그렇게 종로에서 탄생한 음식은 서울을 대표하고 대한민국을 대표하며 퍼져나간다.

  우리가 일상에서 먹는 한국 음식이 최근 한류 붐에 힘입어 K-푸드라는 이름으로 전 세계에서 높은 인기를 누리고 있다. 이 사실을 신기해하고 자랑스러워하지만, 정작 한국 음식에 대해 우리 스스로가 얼마나 알고 있는지는 의문이다. 그저 한국적인 시각에 매몰된 단편적인 정보만 입속에서 맴돌 뿐이다. 그래서 한국을 대표하는 가장 익숙한 음식부터 하나씩 꼽아가며 각각의 음식을 최대한 낯설게 객관적으로 바라보기로 했다. '종로' 하면 떠오르는 음식, 우리의 일상과 함께 하는 친숙한 음식을 선별하여 이를 깊이, 제대로 살펴보았다. 그 과정을 통해 한국 음식의 지평을 지금보다 더 넓혀보고 싶었다.

  음식의 역사는 사람의 서사다. 사람은 음식과 강한 관계를 형성한다. 음식은 사람들의 이야기에 힘입어 그 긴 시간을 버티고, 사람들은 자신이 먹는 음식을 정체성의 일부로 여기며 삶을 버틴다. 이 책에서는 종로를 중심으로 사대문 안 사람들이 즐긴 음식 이야기를 전한다. 경성의 문물이 흥성했던 명동, 노동자들의 땀이 스민 동대문시장 등을 거닐며 서울 역사의 뒷이야기, 옛 서울의 문화와 생활사를 미각을 자극하는 다채로운 맛으로 풀었다. 시기는 근대에 초점을 맞추되 이전 시대 역사와 문화가 존재하는 경우는 그 근원도 자연스럽게 어우러지도록 함께 제시했다. 종로의 음식 맛만큼이나 인문 맛에 푹 빠져보길 바란다.

  이 책은 이미 출간된 『중화미각』과 『부산미각』에 이어 서울 종로라는 장소성과 K-푸드라는 시의성에 초점을 맞춰 준비됐다. 각 분야의 전문가이자 글쟁이 열네 분의 글이 모였다. 이 책의 작업을 시작할 때는 부산대 최진아 교수가 도와주었고, 마무리할 때는 문현선 선생과 이유라 선생이 수고해주었다. 책을 만들어가는 동안 삼삼오오 모일 때마다 서울 이야기, 종로 이야기, 음식 이야기로 시간 가는 줄 몰랐다. 함께하는 동안 참 즐거웠고 풍성했고 맛있었다.

  이 책을 통해 대한민국 음식 맛집 1번지이자 인문 맛집 1번지인 종로에서 시작되는 한국 음식의 울림이 전 세계 각 나라의 운종가 골목골목까지 전해져 한국 음식이 세계 모두의 음식이 되는 날을 기대해 본다.

2025년

저자를 대표해서 정유선 쓰다

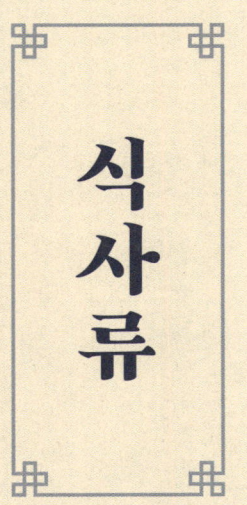

식사류

뼈와 살이 만나서 어우러지는 진국

설렁탕

식사류

설렁탕은 곰탕과 다르다. 곰탕에는 들어가지 않는 소면이 담겨서만은 아니다. 곰탕은 주로 양짓머리와 사태 또는 정갈하게 손질한 내장 등 고기 부위만 넣어서 푹 고아 끓여내는 반면, 설렁탕은 소의 윗다리뼈, 즉 사골四骨을 중심으로 소머리와 소가죽, 고기와 내장까지 다양한 부위를 두루 아우르는 데 그 특징이 있다. 사골을 넣고 고았다고 해서 사골곰탕이라는 이름이 붙는 경우도 있지만, '사골'이란 접두사는 보통 곰탕 재료에 뼈가 포함되지 않는다는 사실을 반증하는 셈이다. 사골을 깨끗이 씻어 핏물을 뺀 다음 여남은 시간 동안 정성스레 기름을 걷어내며 끓이다보면 우유처럼 뽀얀 국물을 얻게 되는데, 바로 이것이 고기로만 끓인 곰국의 투명함과 구별되는 설렁탕만의 특징이다. 오죽하면 설

뼈와 살이 만나서 어우러지는 진국   설렁탕

설렁탕 한 그릇과 깍두기 ⓒ 문현선

1900년대 초반 대한제국 시기에 처음 문을 연 이문설농탕은 당시에는 이문옥이라고 불렸다. 주인도 가게 위치도 달라졌지만 원래의 설렁탕 맛만큼은 지키고 있는 이문설농탕은 현재 견지동 88번지(우정국로)에 자리잡고 있다.

설렁탕의 소면 사리 ⓒ 첸보이

쌀 소비량 감소 정책 때문에 밥을 적게 제공하면서 이에 대한 방편으로 소면 사리가 등장했다. 소면 사리는 쌀밥만큼 감칠맛이 있으면서도 후루룩 삼키면 목넘김도 좋아, 급하게 식사를 마쳐야 하는 서울 사람들을 위한 패스트푸드로 적격이었다.

식사류

공평동 한옥 시절의 이문설농탕 ⓒ 문현선

도심재개발사업이 이뤄지기 전, 이문설농탕은 개조 한옥에서 운영됐다. 현재는 사라지고 없는 공평동의 이 목조 건물은 일제강점기에 지어진 것으로 추측되며 한옥과 일본 건축양식이 혼재된, 우리 현대사의 기구함을 그대로 반영한 건축물이었다. 사진은 현재 우정국로 이문설농탕에 걸린 자료를 촬영한 것이다.

렁탕이라는 이름이 눈처럼雪 뽀얗고 진한濃 탕湯을 가리키는 '설농탕雪濃湯'에서 나왔다는 설까지 있을까. 대한제국 시기부터 120년이 넘도록 종로를 지켜온 '이문설농탕'의 명성은 설렁탕의 그 뽀얀 국물과 무관하지 않다.

설렁탕은 설렁설렁하지 않다

설렁탕은 심심하다. 간이 되지 않은 탕에 잘게 썬 대파를 취향껏 넣고 저마다 입맛에 맞게 소금으로 간을 맞춘다. 누린내를 잡기 위해 후추를 조금 뿌리기도 한다. 국물 안에는 잠길 듯 말 듯 얇게 썬 편육 몇 조각만 떠다니고, 숟가락을 들어 휘휘 저어봤자 한줌쯤 말아놓은 소면이 걸릴 뿐이다. 재료가 푸짐하게 담긴 꼬리곰탕이나 우족탕, 도가니탕, 갈비탕은 말할 것도 없고, 간장이나 된장으로 간을 맞추고 소나 돼지의 여러 부위가 넉넉하게 곁들여지는 장국밥, 소머리국밥, 돼지국밥, 순대국밥 등에 비해 간이고 양이고 전부 좀 부족한 듯싶다. 탕보다는 오히려 국에 가깝다. 먹으려고 들면 밍밍한 뼛국물에 고기도 몇 점 없어서 영 설렁설렁해 보이지만, 비어 있는 설렁탕은 사실 소 한 마리가 다 녹아든 진국의 매력이 있다.

설렁탕의 유래로 가장 유력하게 꼽히는 것은 조선시대의 선농제先農祭다.

식사류

선농제는 농사의 신 신농神農에게 드리는 제사다. 오래된 신화 속에서 이 신은 '소머리에 사람 몸牛頭人身'을 한 자연신의 모습으로 그려진다. 다만 신농이 처음부터 농사의 신으로 불린 것은 아니다. 그는 세상에 존재하는 모든 초목의 성질에 관심을 가졌던 인물이다. 사람들에게 밥이 되고 약이 되는 식물을 구별하기 위해 무던히 애를 쓰며 독초까지도 주저없이 맛보았다고 한다. 결국 그는 단장초斷腸草라는 극독을 지닌 풀을 직접 맛보고 분석하다 세상을 떠났다. 사람들은 그가 사람들에게 베푼 이로움을 떠올리고 그 죽음을 슬퍼하다 '농사의 신神農'으로 일컫게 되었다. 어떤 영웅적인 인물이 이루어낸 평생의 업적을 기려 그를 신격화하는 것은 신화가 만들어지는 전형적인 방식이다. 고대 동아시아의 괴이한 일과 전설을 모아놓은 『수신기搜神記』에는 다음과 같은 기록이 보인다.

신농은 붉은 채찍으로 온갖 풀을 때려 그 맛이 순하고 독이 있고 차고 더운 성질을 다 알아내었으며 냄새와 맛을 주관하여 온갖 곡식을 파종하였으므로 세상 사람들이 신농이라 불렀다.

사농공상士農工商의 위계질서가 엄정한 조선이었지만 '농사는 하늘 아래 큰 근본이다農者天下之大本'라는 이념은 공고했다. 한 해 농사를 시작하는 시점에 선농제 절차의 일환으로 임금이 친히 밭을 가는 친경례親耕禮를 행하는 건 천하지대본인 농사에서 본을 보인다는 뜻에서 중요했다. 그러나 궁 안에서만 생활하던 금지옥엽 임금님이 밭을 갈고 씨를 뿌리는 데 익숙할 리 없다. 당연히 농사 실무를 도와줄 베테랑이 필요했다. 친경례 때 임금을 도와 소를 몰았던 이 농민들이 바로 '노농老農'이었다. 원래 관직이 없는 일반 백성들은 임금 앞에 나설 수 없지만 선농제에서만은 농민들이 가까이 다가와도 막지 않았다. 그래서 친경례가 진행되는 동안에는 선농단 주변에 백성들이 몰려와 인산인해를 이루었다. 제사 음식은 나눠야 맛이니 이렇게 모여든 이들에게 밥과 국을 대접한 게 설렁탕의 기원이라고 보는 설이 있다.

선농제에서는 적전籍田이라 불리던 임금의 친경지에서 난 쌀과 기장으로 밥을 짓고, 밭을 갈던 소를 잡아서 국을 끓였다. 그 자리서 잡은 소로 조리하는 만큼 미리 손질해두는 게 불가능해 당연히 머리부터 다리까지 모든 부위가 다 들어갔다. 정비된 부엌에서 준비하는 식사가 아니니 다른 반찬이나 장류를 챙기기도 쉽지 않아 소금으로만 탕국의 간을 맞췄다. 누린내를 잡기 위해 파를 씻어다 곁들여 먹도록 했고 그릇도 근처 농가에서 가장 흔한 뚝배기를 빌려와 상을 차렸다. 오늘날 설렁탕집에서 쉽게 접하는 기본 상차림 구성을 여기서 찾아볼 수 있다. 선농제에서 먹은 탕국이라 선농탕이라고 불리던 것이 모음동화와 유음화를 거쳐 설렁탕으로 굳어졌다고 보는 것이다.

선농탕은 선농제와 친경례에서 고생한 사람들, 1년에 한 번뿐인 임

식사류

의인화된 신농씨 ⓒ 김진영

동아시아 초기 신화에서 자연신의 모습이던 신농은 점차 의인화되었고 중화 문명을 이끈 문화 영웅으로 변모했다. 1930년대 서울의 설렁탕집들은 소머리를 채반 위에 얹어 광고판을 대신하곤 했다. 사진은 현재 칭다오 농업대학 서문 앞의 신농상을 찍은 것이다.

금의 밭갈기 이벤트를 보겠다고 모여든 사람들, 앞으로 한 해 농사를 위해 애쓸 사람들을 위한 음식이었던 셈이다. 진하게 푹 고아낸 국물 한 사발은 손에 익지 않은 농사일을 하느라 녹초가 된 임금님의 속도 덥혀주고, 임금님 눈치를 보면서 속 끓이며 소를 끌던 노농의 속도 가라앉혀주고, 1년에 한 번뿐인 구경거리를 좇아 나오느라 변변찮은 끼니마저 걸렀을 어르신들의 속도 채워주었다. 국물 요리의 특징은 화수분처럼 늘어나는 양에 있다. 물 한 바가지만 더 부어도 한 사람 몫이 늘어난다. 위부터 아래까지 모든 사람이 너나없이 뚝배기 한 그릇에 배가 부른다. 맛은 슴슴하고 건더기 없이 설렁설렁했을지 모르나 그 안에 담긴 의미만큼은 꽉 찬 한 그릇이었을 것이다.

남은 것이 진국이라

설렁탕이라는 이름의 또다른 유래로는 고려시대의 몽골풍을 꼽는다. 몽골풍은 몽골족이 세운 원나라의 정치적 간섭을 받았던 고려 후기의 유행과 관련 있다. 당시 원과 고려는 문화적으로 매우 긴밀했으며 꽤 오랜 시간 서로 영향을 주고받았다. 원나라에서 유행하는 고려의 풍속과 산물은 '고려양'이라는 이름으로, 고려에서 유행하는 몽골의 풍속과 산물은 '몽골풍'으로 불렸다. 고기를 삶아 국물을 내는 곰탕류의 음식은 바로 이러한 몽골풍에 기원을 둔다.

불교 국가였던 고려에서는 채식을 중시했기에 도축법이나 육식 요리법이 상대적으로 더디게 발달했다. 그러다 몽골풍의 영향으로 고기 요리가 여럿 들어오는데 오늘날 왕만두의 원형이라 할 '쌍화'나 몽골족의 아침식사인 '공탕空湯'이 대표적이다. 유목민이었던 몽골족은 가축을 잡으면 고기를 불에 구워먹은 다음, 남은 뼈와 힘줄, 내장 등은 푹 삶아 그 국에 소금으로만 간을 해서 간단하게 아침을 해결했다. 이 음식이 바로 '맛있는 고깃국' 슐렝šülen이다. 이 '슐렝'이라는 몽골어가 우리말에 자리를 잡으면서 '술렁탕'을 거쳐 '설렁탕'이 되었다고 한다. 고기를 다 구워먹고 남은 재료로 고아낸 국이라 자연히 건더기는 적을 수밖에 없다. 그래서 '공탕'이고 국물이 헐렁하다. 숟가락을 휘저어도 설렁설렁하니 설렁탕이라고 할 밖에.

한식과 한옥 하면 가장 먼저 떠오르는 모습이 뜨락을 가득 채운 장

식사류

독대다. 그래서 한국 사람들은 흔히 '음식은 장맛'이라고 한다. 우리 음식은 간장과 된장에 의존적이라, 전쟁 때 몇 년이나 집에 못 돌아가던 김유신 장군도 집에서 떠온 장을 맛보고 집안이 무탈함을 알 정도였다. 그러나 장은 조건이 완비된 부엌에서라야 쓸 수 있는 재료다. 가축을 먹이느라 계절에 따라 이리저리 이동하는 유목민들이 장독대를 이고 지고 다닐 리 없다. 하지만 간이 부족하고 건더기가 적다고 해서 그 요리가 부실한 건 아니다. 머리부터 시작해 다리를 거쳐 꼬리까지, 잡은 가축의 모든 부위를 골고루 넣어 푹 고아낸 국에는 식재료의 온갖 영양분이 그득 담겼다. 슐렝은 거나했던 지난밤의 숙취를 달래고 일교차가 큰 초원에서 빈속을 뜨끈하게 채워주는 아침식사로 더할 나위가 없다. 고기를 발라내고 굽는 동안 불 위에서 시간이 마법을 부려 탄생한 일용할 양식이 바로 설렁탕의 기원이다. 생선살을 발라낸 뼈와 머리, 알과 애로 끓여낸 서더리탕도 보통의 생선국보다 진한 맛으로 다가오지 않던가. 뼛골까지 우려낸

몽골의 슐렝 ⓒ 바이두 그래프

가축의 뼈와 고기를 푹 고아 끓여낸 고깃국은 13세기 중반 이후 몽골로부터 전래된 것으로 알려져 있다. 『몽골비사』에는 고대 몽골인들이 슐렝으로 아침식사를 한다는 대목이 보인다.

그 뽀얗고 진한 맛이 설렁탕 한 뚝배기에도 담겨 있다.

『운수 좋은 날』의 스포일러

2021년 K-콘텐츠가 팬데믹 시기 패닉 상태에 빠져 있던 전 세계를 강타했다. 456명의 사람들이 456억의 상금이 걸린, 목숨을 건 게임에 참여하면서 벌어지는 이야기를 다룬 〈오징어게임〉 이야기다. 주인공인 성기훈은 〈오징어게임〉에서도 막차를 탄 인물로, 구조조정으로 실직한 뒤 사업 실패로 빚을 지고 이혼까지 당했으면서 도박에 빠져 사채를 쓰는 등 막장 인생을 살아가는 인물이다. 재혼한 아내는 하나뿐인 딸을 데리고 이민을 갈 예정이고, 시장에서 장사를 하는 홀어머니는 당뇨병으로 고생하면서도 철없는 아들을 뒷바라지하느라 병원 한 번 제대로 못 가다 건강이 악화된다. 딸과 어머니를 모두 잃을 거라는 절박감에 정신이 들었지만, 합법적인 해결책을 찾지 못한 그는 결국 목숨을 건 게임에 몸을 던진다. 밑바닥 인생을 살면서도 끊임없이 갈등하고 끝까지 최소한의 인간성을 지키려 분투하는 이 주인공에게 전 세계인이 빠져들었다.

그런데 이 드라마에는 한국인만 알아볼 수 있는 복선이 등장한다. 마지막 아홉번째 에피소드 제목을 본 한국인이라면 누구나 이 드라마가 해피엔딩일 수 없겠구나 짐작할 것이다. 〈운수 좋은 날 One Lucky

식사류

Day〉. 주인공은 데스게임에서 승자가 될 테지만, 딸과 어머니를 잃을 것이다. 운이 좋아서 다른 날보다 많은 돈을 벌었지만 설렁탕이 먹고 싶다고 조르던 병든 아내를 결국 잃는 김첨지의 이야기를 우리는 이미 알고 있다.

사실주의 소설의 대표작인 현진건의 『운수 좋은 날』. 이 소설의 주인공 김첨지는 인력거꾼이다. 열흘 가까이 공을 쳤기에 진눈깨비가 추적대는 궂은 날씨에도 일을 하러 거리로 나섰지만 집에 누워 있는 병든 아내가 계속 눈에 밟힌다. 그런데 무슨 일인지 오늘따라 손님이 줄을 선다. 평소라면 꿈도 못 꿀 큰돈을 손에 쥔 김첨지는 술까지 거나하게 마신 후 집으로 향한다. 며칠 전부터 아내가 먹고 싶다고 노래를 부르던 설렁탕 한 그릇을 사들고서. 그러나 정작 그 국물을 마실 아내는 이미 차갑게 식은 주검이 되어 있다. 설렁탕을 왜 먹지를 못하냐는 소설 속 김첨지의 대사와 죽은 어머니를 끌어안고 "엄마, 나 돈 벌어왔어"라고 부르짖던 성기훈의 대사는 자연스럽게 겹친다.

설렁탕 한 뚝배기와 서울의 삶

눈코 뜰 새 없이 바쁜 도시민의 삶은 데스게임만큼이나 치열하다. 그리고 설렁탕은 누가 뭐래도 '서울' 음식이자 근대와 도시, 서민 대중의 음식이었다. 1929년 9월에 발행된 잡지 『별건곤別乾坤』 23호에 실린 팔도 별미음식 기사를 보면, 평양의 냉면, 대구의 탕반, 진천의 메밀묵, 전주의 탁배기국, 연백의 인절미 등과 함께 꼽힌 것이 바로 경성의 설렁탕이다.

시골 사람이 처음으로 서울에 와서 설렁탕집을 지나가다가 털이 그대로 있는 삶은 소머리가 설렁탕의 광고를 하는 듯이 채반 위에 놓여 있고 시골에서는 아무리 가난뱅이의 집에서라도 잘 받아 먹지도 않는 오지뚝백이의 설렁탕 그릇이 놓여 있는 것을 보며 확 끼치는 누린내를 맡으면 소위 일국의 수도首都라는 서울에도 저런 더러운 음식이 있으며 저것을 그래도 누가 먹나 하고 코를 쥐고 고개를 가로저을 것이다. 그러나 시험으로 먹어본다는 것이 한 그릇 두 그릇 먹기 시작하면 누구나 재미를 들여서 집에 갈 노잣돈이나 자기 마누라의 치맛감 사줄 돈이라도 안 사 먹고는 견디지 못할 것이다. 값이 싼 것도 싼 것이지만(보통 한 그릇에 15전, 고기는 청구하는 돈대로 더 준다) 맛으로든지 영양으로든지 상당한 가치가 있는 것이다.

이 기사에서 제일 먼저 눈에 들어오는 것은 '시골 사람이 처음으로 서울에 와서' 만나는 서울의 맛이라는 대목이다. 그런데 그 맛이 정갈하고 고급스러운 음식이 아니다. 오히려 '털이 그대로 있는 삶은 소머리'와 '오지뚝배기'에다 '확 끼치는 누린내'까지, 아무리 깡촌에서 온

식사류

가난뱅이라도 고개를 돌릴 것 같은 비주얼이다. 그런데 그러한 혐오감 속에서 호기심이 고개를 든다. 어떤 시골에도 없는, 서울에만 있다는 그 맛이 궁금해지는 것이다. 단순한 미각의 문제가 아니다. 가게에 들어서면 두루마기를 입고 금테 안경을 쓴 사람, 양복을 말쑥하게 차려입은 신사, 허름한 차림을 한 막벌이꾼이 너나없이 끼어 앉아 손수 안주를 닦달하고 뚝배기에 국을 받아든다. 반상의 계급과 장유유서의 윤리가 아직 엄격했던 시절, 시골에서는 도무지 볼 수 없었던 광경이 그곳에서 펼쳐졌다. 설렁탕은 이처럼 하늘과 땅이 딱 붙고 위아래가 뒤집어진 듯한 혼란스러운 식민지 경성의 시대상을 그대로 보여주는 음식이었다.

1분! 음식이 준비되어 상에 오르는 데 걸리는 시간은 그뿐이다. 그야말로 '눈 감으면 코 베어간다'던 서울의 맛답다는 생각이 절로 든다. 생판 모르는 사람들 사이에 끼어 앉은 뒤 그 뚝배기를 받아 시험삼아 딱 한 번, 눈 딱 감고 국물 한 숟가락을 떠서 맛본다. 그냥 먹으면 심심하니 소금도 넣고 파도 넣고 고춧가루도 넣고 마음 가는 대로 깍두기 국물까지 넉넉하게 부어넣고 다시 먹어본다. 제 입맛대로 이리저리 맞춘 국물은 언젠가 먹어본 것도 같고 난생처음 먹어본 것 같기도 하다. 내일은 또 무엇을 넣어서 먹어볼까 싶어진다. 주머니에 남은 돈을 헤아려보고 다음에는 고기를 더 얹어서 먹어보자 작심한다.

처음에는 마주앉은 사람 입에서 밥풀이라도 튈까봐 웅크리고 먹었건만, 그런 움직임도 하루이틀 지나다보면 매번 다른 사람과 마주하며 새로운 삶을 훔쳐보는 모험으로 변화한다. 그렇게 재미를 들이다 보니 한 그릇, 두 그릇 자꾸만 사 먹다가 결국 집으로 갈 노잣돈과 집사람에게 선물 사줄 돈을 다 날리도록 떠나지 못한다. '한 번도 안 먹은 사람은 있어도 한 번만 먹은 사람은 없다'더니, 넘쳐서 끌리는 게 아니라 어딘지 매번 부족한 마음에 다시 찾게 되는 서울의 맛이다.

문현선 ♦ 세종대학교 인공지능융합대학 초빙교수

이화여자대학교에서 사학과 중어중문학을 복수전공하고 동대학원 중어중문학과에서 각각 석사와 박사 학위를 받았다. 미디어와 스토리텔링, 대중문화 및 문화이론에 대한 연구와 저술을 주로 해왔으며 문학 및 인문서 번역가로도 활동중이다. 단독 저서로 『무협』 『삶에서 앎으로 앎에서 삶으로』 등이 있고 『끝에서 두번째 여자친구』 『다리 위 미친 여자』 『행위예술』 『열여덟, 소녀를 내게 줘』 등 소설과 『장자를 읽다』 『꿈의 해석을 읽다』 등 인문서를 옮겼다. 인문연구모임 문이원文而遠의 상임연구원으로서 『반경』 『지낭』(공역) 『소서』 『삼자경』 『거스르지 않는다』(공저) 『소인경』(공저)과 같이 동양 고전을 풀어 쓰고 재해석하며 '문턱이 낮은 인문학'을 지향하는 작업도 꾸준히 지속하고 있다. 이야기공작소 파수破守의 캐릭터 프로파일러로서 애니메이션, 웹툰, 드라마의 시나리오를 작업하기도 한다.

피맛골의 전설

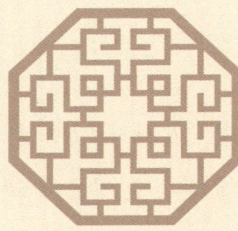

선지해장국

피맛, 그 시작은 무엇

　한자 피 혈血 자는 그릇에 피가 한 방울씩 떨어지는 모양에서 비롯된 상형자다. 고대에는 제물로 바친 동물의 피를 모아 제사나 의식에 사용했기 때문이다. 피는 그만큼 귀하고 무엇보다 신성한 것이었다. 생명력을 가장 원초적으로 보여주는 피는 제의에서 필수 요소였다. 『주례周禮』에 따르면 주나라에서는 사직에 제사를 지낼 때 피를 썼고 『진서晉書』에도 조상에게 제사를 지내는 것은 조상이 피를 흠향하게 하는 일과 같다고 하였다. 후손이 없는 것은 대를 잇지 못한다는 점에서도 큰 죄였지만 조상들이 피를 취할 수 없다는 점에서도 중대한 불효였다. 이처럼 피는 삶과 죽음을 잇는 신성한 물질이었기에 거의 모든 제례에 빠지지 않았다. 그리고 제사 음식을 나누어 먹는 과정을 통해 점차 식생활의 일부로 자리잡았다.

선지를 언제부터 식재료로 사용했는지는 정확하게 알 수 없다. 다만 선지가 기록된 자료를 통해 대략적으로 가늠해볼 뿐이다. 1447년 세종 때 편역한 불경『석보상절釋譜詳節』에서는 응고된 피인 응혈을 선지라고 번역하였다. 아마 선지가 기록된 가장 오래된 문헌일 것이다. 뿐만 아니라 1608년에 허준이 편찬한『언해두창집요諺解痘瘡集要』는 두창, 그러니까 천연두를 감별 및 진단하고 치료하는 방법을 정리한 책인데, 그 증상을 설명하면서 선지와 돼지 간 빛깔같이 얼굴이 붉은 자는 죽게 된다고 하였다. 이렇듯 선지는 꽤 오래전부터 피나 굳은 피를 뜻하는 말로 쓰이다가 점차 식재료 내지 음식을 가리키는 이름으로 바뀌었다.

사실 선지는 얼핏 보면 한자어 같지만 피를 뜻하는 만주어 셍지senggi에서 온 외래어다. 유목민에게 동물의 피는 소중한 식량 자원이었다는 점을 생각해보면, 만주어 셍지가 발음이 거의 비슷한 '선지'로 우리 땅에서 수용되었다는 것은 상당히 인상적이다. 피를 식용한다는 행위가 그만큼 큰 의미를 지녔던 게 아닐까?

우리나라에서는 소 피는 젤리 형태의 선지로 만들어 주로 국으로 끓여 먹었고 돼지 피는 순대로 만들어 먹었다. 농경 사회였던 조선에서 소는 중요한 가축이었다. 함부로 도살할 수 없었고, 국가적 제의를

식사류

지낼 때처럼 특별한 경우 또는 나라의 허가를 받은 경우에만 도축할 수 있었다. 조선시대에는 성균관 근처에 현방이 많았는데, 이는 나라에서 도축 허가를 내어준 전문 백정들의 작업장을 지칭했다. 천민인 백정은 잡은 소에서 나온 내장, 뼈, 피 같은 부산물을 임금처럼 받았는데 이러한 소의 부산물을 그대로 판매하거나 음식으로 가공하여 팔아 현금화했다. 그렇게 이 일대에 자연스레 선짓국, 설렁탕 등을 파는 주막이 많아지게 되었다.

맑은 선짓국과 우거지 술국의 컬래버

지금 우리가 먹는 선지해장국은 일제강점기에 만들어진 형태이고 원래는 선짓국과 해장국이 별개의 음식으로 각각 존재했다. 선짓국은 우혈탕牛血湯이라고도 했는데, 말 그대로 소 선지로 끓인 탕이었다. 1924년 발간된 『조선무쌍신식요리제법朝鮮無雙新式料理製法』에는 선짓국 만드는 법이 실려 있는데 그 내용은 다음과 같다.

선지는 토장국에 흔히 먹으나 젓국에 끓이는 것이 좋습니다. 처음에 고기와 곱창을 넣고 파와 후춧가루를 치고 새우젓을 이겨 한데 넣고 곱창이 무르도록 끓인 후에 두부를 번듯번듯하게 썰어 넣고 선지를 채반에 건져 피 뺀 것을 한 덩이씩 들고 착착 쳐서 넣습니다.

이때 선짓국은 우거지가 듬뿍 들어간 방식이 아니라 선지와 약간의 콩나물이 들어간 소박한 형태의 맑은 탕이었다. 종로 선지해장국의 원조라 할 수 있는 청진옥에서도 1990년대까지 맑은 선짓국을 판매했다고 한다. 청진옥은 막걸리를 사용해 선지를 숙성시키는 것으로 유명한데 아마도 전통적인 선지 만드는 방법을 계승한 듯하다. 『조선무쌍신식요리제법』에서는 선짓국 요리법에 이어 선지 만드는 비법도 소개하였다.

먼저 냉수에 밀가루와 파, 마늘, 고추, 생강을 이겨 넣고 막걸리, 후춧가루, 계핏가루를 한데 버무린 후에 소 잡는 곳에서 갓 받아온 더운 선지를 넣고 끓여 먹으면 연하고 맛이 좋습니다. 냉수를 넣으면 선지가 연해지고 막걸리를 넣으면 잘 부풀며 밀가루를 넣으면 차지는데 메밀가루를 많이 넣으면 너무 졸아들어서 좋지 못합니다.

생강, 고추, 후추, 계피로 비린내를 잡고 막걸리로 선지의 부피를 늘린다. 선지조차도 배부르게 먹기 위해 지혜를 짜낸 것을 보면 선지는 정말 서민의 음식임이 틀림없다. 신선한 고기를 먹을 수 없었던 하층민들에게 선짓국은 단백질과 철분의 공급원이었으나 양반들의 반상에는 오르지 않은 음식이었다.

서민 음식으로 둘째가라면 서러울 것이 술국이다. 술국은 지금도 쓰

식사류

는 말이지만 원래 해장국을 술국이라 불렀다. 술국은 소뼈와 내장을 넣고 오래 끓여낸 육수에 된장을 풀어 우거지나 배추, 콩나물, 시금치 등을 넣고 끓이다가 고추장과 다진 마늘로 양념한 요리다. 술국의 핵심은 배추와 우거지다. 우거지는 웃자란 것이나 위에 있는 것을 거두었다는 뜻으로, 배추의 겉잎을 말한다. 술국의 매력은 한입만 먹어도 아랫배까지 뜨끈해지는 시원함이다. 소뼈 육수가 깊은 맛을 내고 푹 끓여낸 우거지가 시원한 맛을 끌어올린다. 이름에서 알 수 있듯이 주당들의 필수 메뉴이기도 했다. 주당들은 술국을 안주 삼아 술을 마시다가 술을 깨기 위해 또 술국을 먹었다.

청진옥 선지해장국 ⓒ 이유라

선지해장국은 해장국에 선지를 넣은 형태로 일종의 신흥 해장국이다. 선짓국과 술국은 일제강점기 들어서 결합된 형태로 등장하기 시작했는데 일본이 군수 물자 조달을 위해 한우를 수탈했기 때문이다. 조선총독부의 기록에 따르면 1910년에는 연간 2만 3천 마리 수준이었던 한우 수탈이 1920년대에는 연간 5만 마리, 1930년대에는 연간 5만 3천 마리, 1940년대 초반에는 연간 10만 마리까지 늘었다. 하지만 일본인들은 소의 살코기만 먹고 그 외 소머리, 내장, 뼈, 꼬리, 피 등은 먹지 않았다. 그러다보니 소 부산물이 상당량 발생했고, 자연스럽게 이를 활용한 음식점이 하나둘 많아졌다. 그 과정에서 선지를 넣은 술국인 선지해장국도 등장했다. 특히, 도축이 대량으로 이루어진 서울과 인천 제물포 인근에서 소 부산물을 활용한 요리가 크게 발달하기 시작했다. 쉽게 부패하는 피나 내장은 빠르게 소비해야 했기 때문이다. 그렇게 천민의 식재료였던 선지는 점차 서민들 사이에서도 퍼져갔다.

앞길 말고 뒷골목 피맛골

서울에서 선지해장국은 종로 청진동 일대에서 시작되었다. 이 지역은 조선 초기 때부터 큰 시장이었는데, 궁궐이나 관아에, 혹은 양반 사대부들에게 사치품 및 생활용품을 공급하는 시전이 여기 설치되어 있

식사류

었다. 세종 때는 종로 네거리에 육의전이 설치되면서 상인과 손님이 구름같이 몰린다고 해서 운종가雲從街라고도 불렸다. 그야말로 종로는 한성 정치와 경제의 중심지였다. 하지만 이는 어디까지나 큰길인 종로를 설명하는 말이다. 종로 뒷골목에는 큰길과는 전혀 다른 공간이 만들어졌는데 바로 피맛골이다.

피맛골은 교자나 말을 타고 다니는 고관대작을 피하기 위해 하급 관리나 일반 백성들이 이용한 길이다. 조선시대 때만 해도 길에서 높은 관리를 마주치면 엎드려 절을 해야 했다. 마주칠 때마다 절을 하기란 번거롭기도 하지만 가마나 말에 치일 위험도 있어 백성들은 일부

18세기 말 제작된 〈도성도都城圖〉 일부. 국립중앙박물관 소장
파란 표시선 안에 종로 대로와 평행하게 가는 선으로 피맛골이 선명하게 그려져 있다.

러 좁은 뒷골목으로 다니기 시작했다. 그렇게 말을 피하기 위한 길, 즉 피마避馬길이 생겨났다. 그러면서 종로 뒷골목 피맛골에는 이들을 대상으로 한 음식점과 편의 시설이 들어서기 시작한다. 이후 종로 주변의 시장 상인들과 보부상들도 피맛골을 애용하게 되었다.

피맛골은 지금의 광화문 교보문고 뒤쪽부터 종묘 직전까지 형성되었다. 종로 대로를 중심으로 남북으로 위, 아래 피맛골이 형성되었는데 그 규모가 상당했다. 일제강점기에도 종로는 원래 모습이 크게 훼손되지 않았다. 종로, 청계천, 을지로 일대는 조선인의 상권이었기에 개발하지 않은 채 방치했고, 일본인들이 모여 살던 명동, 충무로, 남대문로, 한강로 등을 중심으로 도시 계획이 이뤄졌기 때문이다. 덕분에 피맛골도 처음 만들어졌을 때와 다름없이 좁은 노폭을 유지하며 특유의 정취를 지킬 수 있었다.

도시가 정비되면서 자연스럽게 자본과 물자가 일본인 거주지인 명동과 충무로 일대로 집중되었고 상대적으로 종로 일대에는 하층민들이 몰려들었다. 세련된 신식 스타일은 명동과 충무로로, 지저분하고 더러운 것은 종로로 나뉘었다. 음식도 마찬가지여서 살코기는 명동으로 유통되고 피와 내장은 종로에서 즐겼다. 가난한 이들의 음식이었던 선짓국과 술국은 그렇게 망국의 설움까지 함께 품은 음식이 되었다.

식사류

원조 선지해장국집 청진옥

종로에는 여러 시장이 있었지만 그중에서도 땔나무 시장, 시탄장柴炭場을 눈여겨볼 만하다. 땔감이라곤 나뭇가지와 장작 그리고 숯이 전부였던 시절, 땔감의 주 공급처인 나무 시장은 한양인들에게 매우 중요한 시장으로 여겨졌다. 돈의동(현 종로3가)과 효자동(현 종로5가)에 시탄장이 있었고 무악재와 서대문 등에도 큰 시탄장이 들어섰다.

나무장수들은 어두운 새벽, 도성 밖에서부터 나무를 지고 와 시탄장에 나무를 공급했다. 상인에게 땔감을 넘기고 값을 받은 나무꾼들은 허기진 속을 채우기 위해 피맛골로 향했다.

지금도 성업중인 청진옥이 바로 여기서 시작되었다. 1937년 이간난 할머니가 좌판에 솥을 걸고 수송동과 청진동 사이에 있던 나무 시장에 드나들던 나무꾼들을 상대로 해장국을 팔기 시작한 것이다. 길거리에서 시작한 장사는 같은 해 평화관이라

청진옥의 역사 ⓒ 이유라

는 간판을 건 식당을 차릴 정도로 번성했다. 1945년 청진옥으로 이름을 바꾼 뒤 두 아들이 차례로 이어받아 지금까지 피맛골의 명성을 지켜가고 있다.

그 세월만큼 청진옥을 찾은 사람들도 많았다. 일제강점기 때 인기 스타격인 동양극장의 배우들이 공연이 끝나자마자 이곳으로 달려와 회식을 했단다. 춘원 이광수나 육당 최남선도 새벽에 들러 숙취를 해소했다. 1950년대 후반 소설가 염상섭도 낭만과 울분을 술로 풀고 새벽녘에 이곳에서 선지해장국으로 속을 달랬다. 야간 통금이 있던 시절에는 젊은이들의 아지트가 되기도 했다. 통금이 해제되면 젊은이들이 피맛골로 들이닥쳤다. 1981년 11월 24일 「통금시대 37년 '발 묶인 4시간'의 세태 만상」이라는 동아일보 기사에는 이러한 새벽녘 청진옥의 풍경이 잘 드러난다.

이 기사를 보면 통금 시간이 막 지난 새벽 4시 즈음에도 해장국집에는 손님들로 북적였다고 한다. 지금의 클럽과 비슷한 고고장과 디스코장에서 젊은이들은 밤새 음주가무를 즐긴 뒤 통금이 풀리는 새벽에 해장국집으로 들이닥쳤다. 그러고는 가시지 않은 술기운을 풍기며 해장국집에 삼삼오오 자리를 잡았다. 그렇게 그 시절 고고족과 디스코족은 나무장수의 뒤를 이어 피맛골의 새로운 고객이 되었다. 새벽 4시면 서울 시내 택시들이 청진동 피맛골에 집결했다는 이야기가 떠돌 정도로 그 당시 피맛골 해장국집은 당시 젊음과 유흥에 있어서 필수 코스였다.

천민이었던 백정부터 통금 시절의 힙스터까지. 꽤 오랜 시간 동안 선지해장국은 숙취뿐만 아니라 울분과 설움을 해소해준 음식이었다. 이 마법 같은 해장 효능은 지금도, 그리고 앞으로도 유효할 것이다.

이유라 ◆ 이화여자대학교 중어중문학과 강사

이화여자대학교에서 중어중문학을 복수전공하고 동대학원에서 석사학위를, 중국 난카이대학교 중문과에서 박사학위를 받았다. 중국 소설을 연구하며 고전서사에 발을 담그고 이야기가 변화하는 과정과 그 원인에 관한 연구를 하고 있다. 주요 논문으로 「신체보시 본생담의 유교적 전유와 인식의 변화」 「식인 고사 및 담론을 통해 본 명대 지식인의 야만과 문명에 대한 인식」 등이 있고 저서로는 『중화명승』 『마고와 여신』(공저)이 있다.

융합과 진화를 담은 전통의 맛

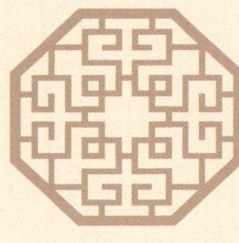

삼계탕

식사류

융합과 진화를 담은 전통의 맛 삼계탕

한류 문화는 K-드라마를 통해 전 세계 사람들에게 소개된 경우가 많다. K-푸드도 그렇다. 한국 음식을 세계에 알린 드라마로는 〈대장금〉이 가장 유명할 테지만, 삼계탕을 세계인의 뇌리에 각인시킨 건 2016년 방영된 〈태양의 후예〉가 아닐까 싶다. 이 드라마에서 송중기와 진구가 어설픈 솜씨로 삼계탕을 요리하는 장면이나, 송혜교와 김지원이 삼계탕을 앞에 두고 말다툼을 벌이는 장면은 아직도 기억이 난다. 남자들은 두 여인을 위해 삼계탕을 식판 위에 정성스럽게 담아 내놓는다. 삼계탕과 식판이라니 어째 어울리지 않지만, 그들이 입은 군복 때문에 요리와 그릇의 조합이 그럴듯해졌다. 극중에서 진구는 요리하는 방법을 제대로 모른다고 후배에게 핀잔을 듣자, "이게 다 정성이고, 손맛"이라는 전가의 보도와 같은 말로 응수한다.

우리 민족은 예로부터 음식을 정성과 손맛으로 설명해왔다. 정성이 통한 덕일까? 〈태양의 후예〉 방영 이후 삼계탕은 세계인의 호기심을 자극했다. 드라마가 방영된 그해, '송중기 삼계탕'과 한국의 문화를 찾는 중국인 단체 관광객도 급증했다. 심지어는 8천여 명이 함께 삼계탕 파티를 즐겼다니 그야말로 전무후무한 기록이다. 이 한 팀의 관광 경제 효과가 495억 원이라는 보도까지 나왔는데 드라마와 삼계탕의 조합이 얼마나 강력한 시너지 효과를 냈는지 짐작할 수 있다. 이와 유사한 소식이 당시에는 심심찮게 들렸다. 2024년부터는 유럽연합에 삼계탕이 공식적으로 수출된다고 한다. 삼계탕이 한류 확산에 또하나의 기폭제가 된 셈이다.

여름 복달임 음식의 대명사, 삼계탕

지금도 그렇지만 예로부터 삼복을 무탈하게 나는 것은 꽤나 중요한 일이었다. 조선시대에는 무더위를 이겨내라고 임금이 관리들에게 쇠고기와 얼음을 하사할 정도로 더위 나기는 왕의 관심사 중 하나였다. 그러나 백성들은 그러한 호사를 누릴 수 없었다. 그들은 삼복철이 되면 쇠고기 대신 다른 재료로 보양식을 만들어 먹었고, 얼음의 냉기 대

식사류

신 시원한 강물에 발을 넣고 즐겼다. 이를 '복달임' 또는 '복놀이'라고 불렀다. 더위 극복을 고통의 회피가 아닌 즐기는 놀이로 승화시킨 조상들의 지혜와 여유가 돋보이는 표현이다.

대표적인 복달임 음식으로 삼계탕, 개장국, 팥죽 등이 있다. 이열치열이라는 말이 있지 않던가! 뜨거운 날씨에 뜨끈한 닭고기 국을 먹으면서 땀을 흘리면 무더위도 잊게 된다. 중국에도 무더운 여름에 훠궈(중국식 샤브샤브)와 같은 뜨거운 음식을 먹으면서 무더위를 이겨내는 풍습이 있다. 『주역周易』에서는 닭을 '양의 기운을 가득 품은 새'라고 묘사한다. 양기가 넘치는 어린 닭을 고아서 만든 삼계탕은 사람들의

삼계탕 ⓒ 강설금

찹쌀을 품은 닭을 인삼, 대추 등의 재료와 함께 푹 끓인 삼계탕.
몸과 마음에 활력을 채워주는 보양식 중의 보양식이다.
삼계탕 한 그릇에는 무더위를 이기는 한국인의 지혜와 정성이 담겨 있다.

원기를 보충하는 데 제격이다. 삼복이 되면 지금도 식당은 물론 학교나 군부대 등 어디에서든 삼계탕을 한 번쯤은 접하게 된다.

보약에서 미식으로, 삼계탕의 변신

현재 우리가 즐기는 삼계탕은 그 역사가 의외로 길지 않다. 조선 후기와 근대를 거치며 지금과 같은 모습을 갖춘 음식이다. 조선시대 문헌에서는 '삼계탕'이라는 이름은 찾아볼 수 없고, 그 대신 '황계탕黃鷄湯'이나 '총계탕蔥鷄湯'이라고만 등장한다. 황계탕은 황기를 넣어 만든 닭 요리고, 총계탕은 파를 듬뿍 넣은 닭탕이다. 당시에는 국물 위주로 먹는 방식이 일반적이었고, 닭 특유의 냄새를 없애기 위해 다양한 재료가 사용되었다. 오늘날 삼계탕의 핵심 재료 중 하나인 인삼은 과거에는 매우 귀했기에 식재료로 쓰이지는 않았다.

19세기 후반에 이르러서야 인삼이 서서히 주목받는다. 닭과 인삼은 '삼계고參鷄膏'라는 이름으로 처음 결합돼 등장한다. 삼계고는 개화파 김윤식의 『속음청사續陰晴史』에 처음 언급되며, 이제마의 『동의수세보원東醫壽世保元』에도 설사 치료제로 제시된다. 하지만 이 시기 닭과 인삼의 조합은 고급 약재에 가까웠으며, 일반 가정에서 즐기는 음식이 아니라 약방에서 사용하는 치료제였다.

그렇다면 우리가 삼계탕을 음식으로 즐긴 시점은 언제부터일까?

지금까지의 자료에 따르면 1910년대로 추정된다. 일제강점기 때 개성 상인들이 조선총독부에 홍삼 판매권을 빼앗기고, 그 여파로 백삼을 주목하던 무렵이다. 이 과정에서 삼계탕이 음식으로 변모한 것으로 보인다. 홍삼 판매권을 빼앗긴 개성 상인들은 새로운 활로를 백삼에서 찾았다. 백삼은 아직 시장에서 가치를 인정받지 못했지만, 상품으로서의 가능성은 충분했다. 우선 가격이 저렴하여 기존보다 더 많은 사람들이 백삼을 구매할 수 있었다. 수삼의 껍질을 벗겨 말린 백삼은 인삼의 효능 또한 그대로 가지고 있었다. 개성 상인들은 백삼 재배 면적을 바로 두 배로 늘렸다. 그리고 국내뿐만 아니라 해외로까지 판로를 개척했다. 그들은 약재와 식자재로서 백삼의 가치를 홍보하고 그 생산량을 늘려갔다. 그 결과 백삼이 양반가의 식탁에 오를 수 있는 상황이 조성되었다.

예전부터 원기 회복에 좋은 것으로 알려진 인삼, 양기가 풍부한 닭, 인삼이 대량으로 유통되는 시대적 흐름 속에서 그렇게 닭과 인삼을 결합한 요리가 태어났다. 인삼과 닭의 조합은 이미 약으로 쓰였던 터라 낯설지 않았다. 양기가 풍부한 닭 뱃속을 비워 대추, 마늘, 찹쌀을 넣어 채우고 백삼 가루 몇 숟갈을 투하한 뒤 뭉근히 끓여내는 방식으로 삼계탕이 완성되었다. 찹쌀은 고소한 맛을 더하고, 백삼 가루는 느끼함을 잡아 깔끔한 풍미를 만들어냈다. 진한 국물과 독특한 향은 양반가의 입맛을 사로잡았고, 삼계탕은 입소문을 타고 종로 일대에 빠르게 퍼졌다. 그렇게 건강과 맛을 겸비한 고급 요리인 삼계탕이 태어난 것이다.

대중음식으로의 진화

　삼계탕이 식당 메뉴로 처음 등장한 것은 1940년대라는 이야기도 있지만, 정확한 기록은 없다. 그전까지는 삼계탕은 부유층만 누릴 수 있는 고급 요리였다. 그러다 1950년대, 전쟁으로 사람도 국토도 황폐해진 시절, 사람들은 삼계탕을 다시 발견했다. 이 시기가 되면 인삼 재배가 더욱 확대되면서 일반인도 인삼을 식재료로 사용할 수 있을 정도로 가격이 내려간다. 닭과 인삼의 조합이 서민의 품으로 들어오게 된 것이다. 이때의 이름은 '계삼탕'이었다.

　1956년 12월 28일자 동아일보에 '계삼탕'이라는 말이 등장한다. 기사에서는 '닭을 잡아서 털을 뽑은 뒤 배를 따서 창자를 꺼내고 그 속에 인삼과 찹쌀 한 홉, 대추 너댓 개를 넣은 다음 푹 고아서 그 국물을 먹는 메뉴'라고 친절히 설명하고 있다. 이 당시만 해도 먹는 법을 설명해야 할 정도로 사람들에게 다소 낯선 음식이었다는 의미다. 여전히 닭고기보다는 국물을 중시하는 점도 눈에 띈다.

　1960년대에 이르러서야 삼계탕은 대중음식으로 자리잡았다. 이때 고려삼계탕이 큰 역할을 했다. 고려삼계탕의 창업주인 이상림씨는 충

식사류

  남 서천 출신으로 한국전쟁 이후 고향을 떠나 서울로 상경했다. 무일푼으로 서울로 올라온 그는 닭을 잡아 판매하는 닭전에서 일을 했다. 무더운 복날이면 보양식에 쓰이는 약병아리를 수백 마리씩 잡아 팔았다. 여름철 보양식의 인기를 체감한 그는 닭전 일을 그만두고 명동 입구에 자그마한 식당 하나를 차렸다.

  이상림씨가 창업할 때만 해도 사람들은 닭과 인삼으로 만든 국물 요리를 '계삼탕'이라고 불렀다. 이상림씨는 음식 이름을 '삼계탕'으로 바꿨다. 그리고 새로운 조리법을 고안했다. 우선 주재료로 49일 된 어린 수탉 '웅추雄雛'를 사용했다. 웅추는 쫄깃하면서도 육질이 부드러워 사람들의 입맛을 사로잡았다. 찹쌀, 수삼, 대추, 마늘 등의 부재료는 천에 싸서 국물에 넣었다. 여러 재료를 뒤섞어 한꺼번에 끓이던 방식에서 변화를 준 것이다. 또 닭 뱃속에 재료를 넣은 후 닭다리를 엑스자로 묶는 방법도 고안했다. 이런 조리법 덕분에 안에 들어간 내용물이 흩어지지 않아 국물이 한결 깔끔해졌다. 그리고 하루에 수백 그릇의 삼계탕을 끓여낼 수 있게 주방 시설도 바꾸었다. 이제 삼계탕은 동시에 대량 공급이 가능한 음식이 되었다. 국물 중심의 요리인 계삼탕과 달리 삼계탕은 웅추의 담백하면서도 고소한 육질과 수삼, 대추 등에서 우러난 구수한 국물이 조화를 이루었다. 맛의 완성도와 상업적 효율을 모두 갖춘 이 메뉴로 명동발 보양식 신화가 시작됐다. 그의 가게는 처음에는 소규모로 시작했지만, 직접 끓인 삼계탕의 맛이 입소문을 타면서 점차 손님들이 몰려들었다. 식객들은 삼계탕에 환호했다. 특히 명동의 직장인들이 반겼다. 아침부터 저녁까지 일에 치이는 직장인들에게 삼계탕은 최고의 한끼였다. 짧은 점심시간에도 빠르게 나올뿐더러 닭다리를 묶어 단정한 비주얼에다가 뱃속에 가득한 찹쌀, 맑고 진한 국물은 사람들의 에너지를 충전해주기 충분했다. 매일 반복되는 일상 속에서 맛보는 삼계탕 한 그릇은 바쁜 하루를 버티게 해주는 명동 직장인의 비밀 무기였던 셈이다. 이러한 이유로 고려삼계탕은 대중적인 삼계탕 전문점의 선구자로서 확고히 자리매김했으며, 삼계탕은 여름철 보양식을 넘어 사계절 내내 사랑받는 국민 음식으로 성장했다.

고려삼계탕의 등장 이후 삼계탕은 명실상부한 대중음식이 되었다. 서울 도심에 삼계탕집이 빠르게 늘어났다. 새로운 종류의 맛으로 승부를 낸 집도 나타났다. 1983년에 종로에서 문을 연 토속촌 삼계탕이다. 이 집은 견과류에 진심이었다. 호두, 잣, 은행 등 온갖 견과류를 아낌없이 넣었다. 그래서 기존 삼계탕과 완전히 다른 국물 맛을 낼 수 있었다. 견과류를 우린 고소한 맛은 어린이들도 삼계탕을 좋아하게 만들었다.

이후에도 삼계탕은 계속 진화했다. 인삼과 닭을 기본 재료로 하면서 개성 있는 부재료가 다양하게 추가되었다. 들깨를 듬뿍 넣은 들깨 삼계탕, 건강을 강조한 흑마늘 삼계탕, 최고의 바다 보양식 재료 전복을 넣은 전복 삼계탕, 각종 한약재를 우려낸 삼계탕까지. 그야말로 삼계탕 맛의 백가쟁명 시대가 열렸다. 누룽지 반계탕은 구수한 맛과 저렴한 가격으로 청년들의 마음을 사로잡았다. 참으로 다양한 종류의 삼계탕 맛집이 계속해서 등장했다.

융합과 변신의 아이콘, 세계인의 사랑을 받다

땀 뻘뻘 흘리며 등산을 마치면, 사람들은 두 파로 갈린다. 막걸리파와 삼계탕파! 막걸리파는 파전에 막걸리로 여유를 즐기며 열이 오른 몸을 식히고, 삼계탕파는 뜨끈한 국물로 몸을 데운다. 하산 뒤 막걸리는 오랫동안 등산 애호가들에게 일종의 의식에 가까운 루틴이었다. 심지어 막걸리 때문에 등산이 건강에 해롭다는 볼멘소리까지 나올 정도다. 그런데 하산 음식으로 언제부터인가 막걸리의 라이벌이 등장했다. 그동안 다양한 식재료와의 융합을 섭렵하던 삼계탕이 이제는 등산 문화와 융합중이다. '등산 후 삼계탕으로 몸보신'이라는 표현이 일종의 관용어로 자리잡아가는 중이 아닌가 싶을 정도다. 이 현상이 지속된다면 삼계탕은 한여름의 복달임에서 하산 음식까지 영역을 확장하게 되는 셈이다.

게다가 삼계탕은 한국식 '코스 요리'로도 자리잡고 있다. 콩나물해장국에 모주가 따라 나오듯이, 삼계탕에 인삼주가 따라 나오기 시작

인삼주 © 강설금

삼계탕을 주문하면 인삼주가 곁들여 나오는 경우가 많다. 식사 전에 한 잔 마시면 몸이 따뜻해지고 편안해진다. 만약 특유의 냄새가 부담스럽다면, 삼계탕 국물에 조금 섞어 마시는 것도 좋은 방법이다.

한 것이다. 많은 삼계탕 전문점에서 삼계탕과 함께 인삼주를 내놓는다. 쌉싸름한 술이 몸도 데우고 입맛도 돋운다. 일부 삼계탕집에서는 인삼주 대신 후식으로 제호탕을 내어주기도 한다. 제호탕은 매실로 만드는 탕으로 옛날부터 더위를 이기는 건강 음료로 마셨다. 닭과 삼의 조합은 이렇게 색다른 식문화로 이어지고 있다. 앞으로 어떤 요소가 삼계탕에 추가될지 기대된다.

자극적이지 않은 담백한 맛과 그윽한 향으로 삼계탕은 외국인들의 입맛을 유혹하고 있다. 한국을 방문한 외국인 관광객들이 한 번은 반

식사류

드시 도전하는 대표적인 메뉴로 자리잡은 지 오래다. 진한 국물에 부드러운 닭고기, 그리고 찹쌀, 대추, 인삼까지. 건강식의 종합 선물 세트라 할 만하니 추천하기에도 좋다. 일본의 소설가 무라카미 하루키도 '한국 음식 중 최고'라며 찬사를 보낸 바 있다. 삼계탕은 한류 열풍을 타고 드라마와 대중문화 속에서 빛을 발하며, 이제는 한국의 대표 음식 아이콘으로 떠오르고 있다.

현대의 삼계탕은 그 시작부터 혁신이었다. 융합과 변신을 계속 이어왔으며, 지금도 새로운 모습으로 거듭나는 중이다. 뉴욕의 세련된 한식당에서도, 파리에서도 런던에서도 삼계탕을 만날 수 있다. 해외에서는 치즈를 얹기도 하고 스파이시 소스를 더하기도 하는 등 현지 입맛에 맞게 진화하는 중이라 한다. 세계인의 정성과 손맛을 담은 삼계탕의 끊임없는 변신이 기대된다.

강설금 ◆ 서울시립대학교 중국어문화학과 객원교수

베이징대학교 철학과를 졸업하고 성균관대학교에서 동아시아학으로 석사학위를 받았으며, 서울대학교 중어중문학과에서 박사학위를 받았다. 중국과 한국의 근대 교과서 발전 과정, 중국 문화의 특성과 문화산업 전략을 심층적으로 이해하기 위한 연구를 진행해왔다. 저서로『조선족 차세대 학자의 연구 동향과 전망』(공저)이 있고,『중국어 8』(공저) 등 고등학교와 대학교의 중국어 교과서 편찬에 참여했으며, 「중국 드라마 〈랑야방〉(2015)에 나타난 희생양 메커니즘 연구」「한민족과 만주족의 『주자가례』 혼례 수용양상 비교」「루쉰을 통해서 본 중국 IP 산업 영역의 확장」 등 다양한 분야의 논문을 썼다.

닭한마리칼국수

새벽을 여는 사람들의 참

식사류

하얀 김이 모락모락 피어오르는 커다란 양푼 하나가 탁자 한가운데 불 위에 놓여 있다. 펄펄 끓는 멀건 육수 한가운데 크지도 작지도 않은 닭 한 마리가 보인다. 숭덩숭덩 썰어 넣은 파 몇 조각과 감자 한 쪽, 적당한 크기의 떡 조각 몇 개가 함께 떠다닌다. 익은 떡을 먼저 건져 먹다보면 이미 반쯤 익혀 나온 닭 한 마리가 딱 먹기 좋게 적당히 덥혀진다. 고춧가루를 성기게 넣고 버무린 배추겉절이나 부추무침 따위가 있으면 금상첨화다. 고춧가루와 겨자, 식초, 들깻가루를 제 입맛대로 넣고 알아서 양념장을 만들어 먹는다. 칼국수 사리는 양푼이 나오기 전에 미리 양을 정해서 주문해야 한다. 어떤 음식인지는 묻지도 알려주지도 않는다. 사람이 앉으면 그냥 양푼 하나가 나올 뿐이다. 양푼 하

닭한마리칼국수 ⓒ 박상근

별다른 양념도 없이 숭덩숭덩 썬 야채 몇 조각과 닭을 통으로 넣고 끓인 닭한마리칼국수는 이 음식이 주머니 가볍고 시간 없는 사람들을 위한 먹을거리라는 사실을 새삼 환기시켜준다.

나로 몇 명이든 다 먹고 일어나면 또다른 양푼이 자리를 채운다. 시간을 들여서 엄선한 식자재로 정성스럽게 차린 슬로푸드가 현대인의 건강을 되찾아준다는 말이 있지만 여기서는 통하지 않는다. 빨리 주고 빨리 먹고, 주인이든 손님이든 '빨리, 빨리'가 서로에게 최고의 배려인

식사류

시장 사람들의 새벽은 그렇게 밝아온다.

양푼 안에 벌거벗은 닭 한 마리가 담겨 있다. 거기에 들어간 재료라고는 둥둥 떠다니는 감자 몇 조각과 숭숭 썬 파 정도. 찬이라고 해봐야 싱겁고 국물이 많은 동치미 같은 배추김치가 전부다. 멀건 국물은 얼핏 보면 아무 맛도 나지 않을 것 같은데 먹어보면 간이 더하지도 덜하지도 않게 딱 맞다. 속이 비어 시장한 사람들은 탕이 끓기 전에 서둘러 떡사리를 주문하기도 한다. 꼬들꼬들한 밀떡은 뜨거운 물에 들어가면 부풀며, 맑아도 간은 딱 맞는 국물을 힘차게 빨아들인다. 닭 한 마리가 다 익을 때까지 못 기다리겠다는 성급한 사람들을 위한 이 애피타이저는 간장, 식초, 겨자, 다진 고추를 듬뿍 넣은 양념장에 찍어 먹으면 신기하게도 간장 떡볶이 맛이 난다. 자, 이제 준비는 다 됐다! 너만 익으면 돼. 주인장의 마법 같은 가위질에 어느새 먹기 좋게 썰린 채로 끓고 있는 고깃덩어리들을 보면서 주문을 왼다.

양푼 한 그릇의 인정

'참'은 일을 하다가 잠시 쉬는 시간을 가리키는 말이다. 떨어진 기력을 보충하기 위해 그 시간 동안 간단히 먹는 음식을 가리키기도 한다. 육체노동이 기본인 농촌에서는 아침과 점심 사이, 점심과 저녁 사이에 참이 나오기 때문에 '새참'이라고도 한다. 아는 사람은 알겠지만 새

참은 먹고 싶어서 먹는 게 아니라 쉬고 싶어서 먹는 것이다. 자정부터 정오까지 여는 낮 시장과 저녁 8시부터 새벽 6시까지 이어지는 밤 시장이 공존하는 동대문에서 참은 대부분 늦은 저녁, 또는 이른 아침의 끼니를 대신하는 밤참이거나 새벽참이다.

의류 중심인 시장의 특성상 매장 근처에서 제대로 된 식사를 하기는 쉽지 않다. 물건을 나르거나 받아오면서 매장을 벗어나는 짧은 참에 간단히 식사를 하기 일쑤라, 메뉴판을 느긋하게 들여다보거나 원하는 음식을 찾아 맛집을 순례하는 일은 사치에 가깝다. 주문하지 않아도 앉자마자 나오는 음식을 몇 사람이 붙어서 게눈 감추듯 해치우고 재빨리 제자리로 돌아가는 것이 이 구역의 생존 법칙인 셈이다. 아는 사람이 지나가면 불러서 젓가락 한 벌만 더 놓고 식사를 이어간다. 양이 부족하면 끓고 있는 육수에 감자와 떡 사리를 한줌 더 넣어 채운다. 그렇게 밤낮없이 바쁜 시장통에서 다음 한나절을 이어갈 힘을 주는 먹거리가 바로 닭한마리칼국수다.

'시장 속의 새끼 시장'이라 불리는 신진시장은 종로5가역과 동대문역 사이에 위치한다. 1952년 개장 당시에는 미군 군복에 검은 물을 들이고 수선해 민간인에게 파는 매장이 많았지만, 동대문종합시장이 개장하면서 의류 시장의 중심이 그쪽으로 이동하자 점차 시장 사람들에게 먹을거리를 제공하는 먹자골목으로 변모했다. 인근 광장시장의 경우 화재를 여러 번 겪으면서 회, 순대, 김밥, 떡볶이, 칼국수, 빈대떡 등

식사류

신진시장 ⓒ 한기애, 공유마당   진옥화할매닭한마리 ⓒ 박신양

이제는 시장보다는 '닭한마리칼국수' 골목으로 불리는 신진시장. 종로대로 안쪽에 위치한 신진시장은 실핏줄처럼 광장시장, 방산시장, 평화시장을 연결하며 70여 년에 이르는 세월 내내 동대문시장 사람들을 먹여 살린 생명줄이었다.

불을 적게 쓰거나 데워 먹는 메뉴를 중심으로 식당들이 생겨났다. 이처럼 간단한 요깃거리를 제공하는 광장시장과 달리 신진시장에서는 연탄불에 굽는 곱창과 생선구이, 매운탕, 순댓국, 닭한마리칼국수 등 좀더 본격적인 먹을거리를 만날 수 있다. 전주집, 호남집, 삼천포집 같은 상호로 보건대 남도의 손맛을 자랑하는 백반집이 대부분이다. 산업화와 도시화가 본격화되던 시대에 돈을 벌기 위해, 먹고살기 위해 '서울로, 서울로' 향했던 이촌향도의 현대사를 톺아볼 수 있는 지점이기도 하다. 그 사이에서 자리잡은 닭한마리칼국수라는 메뉴는 분명 '모로 가도 서울만 가면' 먹고사는 문제가 해결될 거라 믿었던 사람들의 희망과 애환이 담긴 음식이다.

서울 사람이 되는 곳

옷이 날개라는 우리말이 있다. 옷차림에 따라 그 사람에 대한 첫인상뿐 아니라 전체적인 평가까지 달라진다는 것은 동서양 모두에서 사회 문화적 통설이다. 육의전에서 시작되는 종로 시전의 끝자락에 있던 배오개장 즉 지금의 동대문시장은 조선시대부터 채소와 포목을 거래하는 사상私商과 난전亂廛의 성지였다. 조선시대 장정은 징집될 경우 직접 군복을 준비했는데 대부분 배오개장에서 거래된 군포를 가지고 시장 근처에서 옷을 지어 입었다. 한양 끝자락에 위치했다 해도 도성 안 장터인지라 옷을 지으려면 당연히 여기서 거래를 한 포목으로 지어야 했다. 서울 옷을 입어야 서울 사람이 되는 법이다.

한국기네스협회가 한국 최초의 100년 기업으로 공식 인정한, 두산기업의 모태인 '박승직 상점'도 바로 이 배오개에 위치했다. 일제의 기록을 봐도 면포계의 노장이자 입지전적 인물인 박승직은 경기도 광주의 농촌 출신으로 성인이 될 때까지 농사를 지었다. 그러다 광주에서 멀지 않은 송파장에서 물건을 떼어다 파는 행상 일을 했고, 나중에는 배오개에 터를 잡고 포목 도산매를 겸하며 목면과 소금 위탁 판매로 기업을 확장했다. 2000년대 동대문의 랜드마크였던 '두타(두산타워)'의 기원이 이렇게 소급된다. 오늘날 대한민국의 패션 메카로 꼽히는 동대문의 역사도 그와 함께 시작되었다.

식사류

현재의 동대문시장 ⓒ 문현선

조선의 배오개장에서 대한민국의 의류 거점으로 변신한 동대문시장.
도매의류상가에서 대한민국의 패션 메카로,
동대문은 우리 근현대사를 거치면서 수많은 사람들을 포용하면서
서울 사람을 서울 사람답게 만들어주는 역할을 담당해왔다.

먹을거리에서 입을거리까지

배오개장의 생명력은 근대와 현대를 거치며 광장시장으로도 이어진다. 1905년 문을 연 광장시장은 '조선인에 의한, 조선인의 시장'을 만들고자 한 조선 상인들의 의지와 노력이 담긴 산물이다. 동대문종합시장이 들어서기 전까지 동대문시장의 중심이었던 광장시장에서는 원래 곡물, 채소, 과일과 같은 식료품이 주로 거래되었다. 포목 상

점이 생기면서 시장의 성격이 변화한 것은 광복 이후의 일이다.

한국전쟁으로 전소되었다가 1959년에 광장상가가 건축되면서 현재와 같은 형태로 거듭난 광장시장은 동대문을 대표하게 되었다. 귀국 동포와 월남민, 피난민이 모여들고 미군에서 나온 각종 군복, 담요, 통조림 등 다양한 물품이 거래되면서 시장이 활성화되었고, 원단을 경매하는 공판장이 증설되면서 포목과 원단이 주력 상품으로 자리잡았다. 바로 이 광장시장에서 서울 최대 규모의 건어물 시장으로 불리는 중부시장, 미군 부대에서 나온 제품들을 주로 취급하여 '양키 시장'으로 불렸던 방산시장, 그리고 과거에는 등산용품, 군용 물품에서 천막, 도서까지 없는 것 빼고는 다 있던 신진시장이 동남쪽으로 실핏줄처럼 뻗어나간다. 드라마 〈아들과 딸〉에서 못난 아들 등쌀에 결국 집을 뛰쳐나간 잘난 딸 후남이가 정착한 청계천 봉제 공장과 평화시장도 여기서 걸어서 10분 안쪽 거리다.

모든 길은 서울로 통한다

급속한 산업화와 도시화의 시대에 고향을 떠나 서울로 온 사람들은 대부분 가난한 도시 하층민의 신분을 벗어나기 어려웠다. 섬유제품, 가발, 신발, 합판 등 경공업 위주의 수출 주도 산업이 중심이었던 1960년대 한국에서 토지도 없고 기술도 없는 사람들의 삶이란 팍팍

식사류

하기 짝이 없었다. 장남들이 집안을 일으켜야 하는 사명을 띠고 고등 교육을 받는 동안, 식구들의 생계는 교육을 받지 못한 딸들의 몫이었다. 평균 연령 12세에서 17세, 숙련공이 아닌 소녀들은 대부분 일명 '시다'라 불리는 봉제 보조 일을 담당했다. 디자인, 재단, 미싱(봉제), 마도메(마무리 손바느질), 시아게(다림질)에 이르는 온갖 잡일을 도맡았었다.

철저한 종적 관계에 입각한 당시 의류 산업의 구조 아래 후남이들은 식사조차 해결하기 어려운, 열악한 노동 환경에서 일했다. 닭한마리칼국수나 곱창전골, 동태탕, 감자탕 같은 양푼 요리는 대부분 이와 같은 현실을 반영한다. 솥도 냄비도 아닌 커다란 금속제 그릇을 그대로 연탄불 위에 얹은 뒤 먹을 수 있는 재료를 이것저것 넣어서 최대한 푸짐하게 만들어 여럿이 둘러앉아 먹을 수 있는 먹거리다. 육수 반 주전자만 더 부어도, 떡 한 줌, 감자 하나, 칼국수 한 움큼만 더 넣어도 몇 명 더 먹든 충분할 정도로 양은 늘어난다. 평화시장 봉제 공장에서 일하고 동대문 정류장에서 버스를 타던 후남이들도 같이 일하는 시다들과 함께 잠깐의 참을 그렇게 채웠을지 모른다.

양푼에 담겨 식탁에 오른다는 사실이 닭한마리칼국수라는 음식의 특성을 새삼스럽게 확인시켜준다. 양푼은 식재료나 음식을 담는 크고 넓은 그릇을 가리킨다. 보통은 식기가 아니라 손질한 식재료를 담아두거나 김치나 깍두기, 나물, 고기 등을 양념에 버무리는 용도로 쓴다.

양푼을 그대로 불 위에 올린다는 것은, 음식이 상에 오르기까지 필요한 여러 과정을 최대한 줄이려는 노력과 연관된다 하겠다. 거기에 더해 촉박한 시간까지도 반영한 메뉴다. 평화시장에서는 하루 14시간의 작업 시간이 일반적이었던 시절이 있었다. 잠을 잘 시간도 없어서 각성제를 먹으며 잠을 쫓을 정도였다고 하니 밥을 먹을 시간은 당연히 부족했을 터다. 화장실 갈 시간을 줄이기 위해 물도 잘 안 마셨던 소녀들에게는 집으로 돌아가는 차를 타기 직전에 맛보는 따뜻한 육수 한 숟가락이 '영혼의 수프'였을지 모를 일이다.

첫차가 다니기 전에

지금은 아득하게 잊히긴 했지만 동대문에 고속버스터미널이 있었다. 서울 도심의 교통난을 완화하기 위해 전차 운행이 중단되고 전차 차고지에 동대문종합시장이 들어서면서 고속버스도 운행되기 시작했다. 당시 이 터미널에서는 군산, 익산, 연무대, 전주 방면의 노선과 김천, 경주, 포항, 울산 방면의 노선이 있었다. 동남에서, 서남에서 서울로 온 사람들은 다시 동남으로, 서남으로 떠나는 차에 몸을 실었다. 기차역의 단골 메뉴가 냄비우동이었던 것처럼, 고속버스터미널의 주력 메뉴도 면요리였다. 그중에서도 단연 닭한마리칼국수가 인기였다.

따로 주문할 필요 없이 자리에 앉기만 하면 나오는 음식, 음식이 나

식사류

오기 전에 돈부터 내는 선불제, 누가 먹든 자리를 비우기 무섭게 다시 불 위에 놓이는 새로운 양푼. 미리 익혀둔 닭 한 마리를 불 위에 얹어서 한번 더 끓여먹는 닭한마리칼국수는 차 시간에 맞춰 바쁘게 움직이는 사람들이 '참'을 이용해 속을 채우는 일용할 양식이었다. 호남선과 경부선을 타고 상경하는 사람들에게는 서울에서만 먹을 수 있는 특식이기도 했다. 지금도 지방의 닭한마리칼국수 전문점에 가보면 알게 모르게 '서울식'이라는 수식어를 붙이기도 한다. 1977년, 서울에서 200킬로미터 이상 떨어진 지역으로 가는 버스 노선을 모두 강남터미널로 이전하면서 동대문고속버스터미널은 사라졌다. 아이러니하게도 이 닭한마리칼국수가 일반 대중에게까지 알려진 것은 그후의 일이다. 동대문고속버스터미널이 사라지고 나서야 '아는 사람만 아는' 이 음식은 대한민국 사람이라면 누구나 '아는 맛'이 되었다.

대부분의 사람들이 잠자리에 들 시간인 밤 12시부터 새벽 2시까지가 동대문의 피크 타임이다. 한창때인 밤 시장과 이제 막 문을 연 낮 시장이 동시에 영업하기 때문이다. 동대문의 밤 시장은 낮 시장보다 제품 디자인과 퀄리티가 좋은 것으로 유명하다. 입소문이 난 국내 브랜드가 상대적으로 많고 남성복 등 낮 시장에서는 보기 힘든 상품들이 선을 보이기도 한다. 물론 단가도 좀더 높은 편이지만 발품을 파는 만큼 좋은 옷을 합리적인 가격에 장만할 수 있다는 메리트는 무시할 수 없다. 윈도쇼핑을 즐기는 관광객, 멋진 옷을 상대적으로 저렴하게

화려한 밤의 동대문 ⓒ 문현선

화려한 밤의 DDP ⓒ김재연, 공유누리

새롭게 변신한 동대문과 DDP의 모습.
눈부시게 화려한 동대문의 밤은 낮보다 더 아름답다.

식사류

사려는 소비자, 좋은 물건을 장만해 자기 매장에서 판매하려는 소매상. 이들이 북적대는 모습을 보면 이곳의 밤이 낮보다 아름답다는 사실을 새삼 깨닫게 된다. 배오개장에서 군복을 지어 입고 한양 사람이 되고자 했던 바람이 아득한 시간을 뛰어넘어 글로벌 패션 메카 서울의 밤을 만끽하는 모두의 가슴에 스며든다.

문현선 ◆ 세종대학교 인공지능융합대학 초빙교수

고급 음식에서 대중음식으로

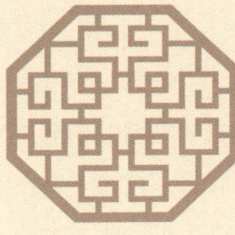

돈가스

식사류

돈가스 하면 가장 먼저 중학교 졸업식 날의 기억이 떠오른다. 졸업식이 끝난 뒤 동네 경양식 레스토랑에서 돈가스를 처음 먹어봤다. 그때만 해도 돈가스는 특별한 날에만 접할 수 있는 고급 음식이었다. 바삭한 튀김옷 안에 담긴 촉촉한 고기의 풍미는 잊을 수 없는 경험으로 남았다. 이제는 분식집에서도 흔히 볼 수 있는 음식이지만, 그 시절 돈가스는 늘 소중한 추억을 떠올리게 하는 존재였다. 특별한 날 먹는 음식이던 돈가스가 어떻게 대중적인 음식으로 변하게 된 걸까? 돈가스의 유래와 변화의 과정을 따라가며, 그 안에 담긴 역사와 이야기를 풀어보려 한다.

돈가스는 어떻게 한국에 정착했을까?

대부분 일본에서 온 음식이라고 알고 있지만, 돈가스는 본래 이탈리아 요리인 코톨레타cotoletta에서 유래했다. 고기를 기름에 튀기듯 굽는 요리인 코톨레타가 유럽 대륙을 거쳐 영국으로 전해져 커틀릿cutlet이 되었다. 그러다가 19세기 말에서 20세기 초에 일본에 상륙한다. 일본은 당시 메이지유신 시기로, 서양의 요리 문화를 자국의 요리 문화에 접목시키며 다양한 변화를 시도했고, 그 과정에서 유럽식 커틀릿이 일본식으로 변형되어 오늘날의 돈카쓰とんかつ가 탄생했다. 이 일본의 '돈카쓰'는 일제강점기를 거치며 한국에 전해졌고, 이후 한국에서는 이를 '일본식 돈가스'라는 이름으로 받아들여 자체적인 방식으로 발전시켰다. 이 글에서는 일본에서 만들어진 '돈카쓰'와, 한국에서 정착하고 변화한 '일본식 돈가스'를 구분하여 쓰기로 한다.

원래 유럽에서는 커틀릿을 주로 양고기나 송아지고기로 만들었으나, 일본에서는 주로 돼지고기를 사용했다. 송아지고기가 왜 일본에서 돼지고기로 바뀐 걸까?

일본은 오랜 기간 불교 국가였기 때문에 육식을 금지해왔다. 그러다 메이지유신 이후 서양 문물을 받아들이면서 육식이 허용되었다. 여기에는 천황의 역할이 컸다. 일본인은 서양인에 비해 체구가 작은데, 이를 극복하기 위해 천황이 솔선해서 고기를 먹으면서 점차 고기 소비가 확산되었다. 그리고 그 과정에서 서민들은 소고기보다 저렴한

식사류

돼지고기를 선호하여 소고기가 아닌 돼지고기로 만든 돈가스는 빠르게 대중화되었다.

한국 최초의 경양식 돈가스 식당, '서울역그릴'

유럽의 커틀릿과 일본의 돈카쓰는 어떤 차이가 있을까? 일본의 돈카쓰는 유럽의 커틀릿과 달리 쌀밥을 곁들이고, 익힌 채소가 아닌 신선한 양배추 샐러드를 제공한다. 이는 준비 과정을 간소화하려는 이유였는데, 이후 일본의 돈카쓰가 한국을 포함한 여러 나라로 전파되면서 각국의 입맛에 맞게 변형되었다. 우리나라로 오면서 돈카쓰는 점차 돈가스만의 특색을 갖게 됐다. 한국의 돈가스는 일본의 돈카쓰와 달리 두께가 얇고 부피가 크다. 게다가 반찬으로 샐러드 대신 깍두기가 나온다.

여기서 갑자기 궁금해진다. 일본 최초의 돈카쓰집은 어디일까? 도쿄 긴자의 렌가테이煉瓦亭라고 한다. 1895년 문을 열어 어느새 130년이 된 돈카쓰 식당으로 현재까지도 운영중이다. 처음 문을 열었던 시기에는 서양식 커틀릿과 흡사한 요리라 '카쓰레쓰ヵッレッ'라고 불렸으나 이후 곁들이는 음식이나 소스 등이 일본식으로 바뀌면서 '돼지돈豚'의 돈とん과 커틀릿의 카쓰ヵッ를 합쳐 '돈카쓰豚ヵッ'로 변했다.

그렇다면 한국에서 처음 문을 연 돈가스집은 어디일까? 1925년에 경성역(지금의 구 서울역) 2층에 처음 생긴, 국내 최초이자 최고最古의 레스토랑은 '서울역그릴'이었다. 경성역사의 구내식당으로 개업했으며, 일제강점기가 끝나고 나서도 꽤 오랫동안 대한민국 양식당으로서 명성을 지켰다.

우리나라에 처음 돈가스가 들어왔을 때 사람들은 아주 고급스러운 음식으로 여겼다. 돈가스는 단순한 음식이 아니라 일제강점기 경성의 식문화와 소비 문화 변화를 상징하는 중요한 요소였다. 1920~30년대 경성에서는 상류층과 중산층 사이에서 서양식 음식이 인기를 끌었는데 특히 일본식 서양 요리인 경양식이 이러한 흐름을 주도했다.

경양식 돈가스 ⓒ 최준란
한국의 돈가스는 일본의 돈카쓰와 달리 두께가 얇고 부피가 크다.
여기에 걸쭉한 소스를 곁들여 내며 밥과 국, 샐러드를 함께 준다.

일본식 돈카쓰 © 최준란
일본의 돈카쓰는 유럽의 커틀릿과 달리 쌀밥을 곁들이고,
익힌 채소가 아닌 신선한 양배추 샐러드를 제공한다.

돈가스는 경양식의 대표 메뉴로, 서구 문화를 접할 수 있는 창구 역할을 했다.

그 시절 경성의 주요 거리에는 일본인들이 운영하는 경양식집이 하나둘 생겨났으며, 여기에서 돈가스와 같은 서양식 요리가 제공되었다. 일본 자본에 의해 백화점들도 설립되기 시작했는데, 미쓰코시백화점(현재의 신세계백화점 본점 자리)이 대표적이다. 이들 백화점 레스토랑에서는 고급 서양식 요리를 판매했고, 돈가스는 주로 그런 백화점이나 고급 경양식 식당에서 먹을 수 있는 고급 음식이었다.

이상의 『날개』를 톺아보다

일제강점기의 문학가들은 그들이 살았던 시대와 문화의 변화를 작품 속에 담아내며 종종 새로운 음식 문화를 묘사하기도 했다. 그렇다면 일제강점기 문학작품 중에 '돈가스'를 언급한 작품은 없을까?

문득 이 시기의 작가, 이상이 떠올랐다. 이상의 『날개』에 이런 글이 있다.

> 그리고는 경성역 일이등 대합실 한결 티룸에를 들렀다.
> (중략) 이따금 들리는 날카로운 혹은 우렁찬 기적 소리가 모차르트보다도 더 가깝다.
> 나는 메뉴에 적힌 몇 가지 안 되는 음식 이름을 치읽고 내리읽고 여러 번 읽었다. 그것들은 아물아물하는 것이 어딘가 내 어렸을 때 동무들 이름과 비슷한 데가 있었다.

당시 경성역 2층에는 티룸(커피숍)이 있었고 이곳에서 모차르트 음악이 흘러나왔음을 알 수 있다. 그러나 아쉽게도 경성역 2층 경양식집 '그릴'에 들렀다는 말은 없다. '나는 메뉴에 적힌 몇 가지 안 되는 음식

식사류

이름을 여러 번 읽었다'는 구절이 종종 해석과 연구의 대상이 되는데, 2층의 '그릴' 경양식집을 가리킨다고 보는 해석도 있으나 정확하지는 않다.

주인공이 하늘로 날아오르려 하는 『날개』의 마지막 장면에서는 미쓰코시백화점 옥상이 등장한다. 『날개』에 나오는 미쓰코시백화점과 경성역사는 둘 다 서양 문화를 상징하면서 동시에 식민지 조선의 모순된 현실을 담고 있다. 소설 속에서 주인공은 현실에 대한 혼란함과 서구화된 일본 문화에 대한 반감이 뒤섞인 감정을 느끼고 있다. 아마 이 시대를 살아간 많은 이들이 그러했으리라.

광복 이후 경성역은 서울역으로 이름을 바꾸고 경성역의 구내식당은 '서울역그릴'로 불리게 된다. 서울역그릴은 이백 명이 한번에 식사가 가능했고, 요리사만 사십 명 이상일 정도로 규모도 상당히 컸다. 당시 설렁탕이 15전이었는데 이곳에서는 정찬이 3원 20전을 넘었다고 하니, 한끼 식사 값이 현재 물가로 환산하면 약 15만 원에 이르는 고급 코스 요리점이었다.

2004년 KTX 개통과 함께 서울역이 새 건물로 이전할 때 서울역그릴도 같이 자리를 옮겨 전문 식당가에 다시 자리를 잡았다. 그러나 2020년 코로나19 때 타격을 입어 결국 서울역그릴은 2021년 11월 30일 날짜로 폐점했다. 100년 가까이 운영되던 국내 첫번째 경양식 레스토랑이 역사의 뒤안길로 사라진 것이다.

〈귀로〉에서 '서울역그릴' 간판을 찾다

 1967년 상영된 이만희 감독의 영화 〈귀로〉를 보면 서울역 장면에서 서울역그릴이라는 간판이 크게 배경으로 나온다. 〈귀로〉는 한국전쟁 때 하반신마비가 된 남편의 곁을 떠나지 못하면서도 젊은 남자의 유혹에 흔들리는 여성(문정숙 분)이 등장하는 멜로 영화다. 인물의 심리와 공간에 대한 탁월한 묘사가 이만희식 모더니즘을 잘 보여주는 작품이다. 그녀를 가두는 답답한 이층집과 탁 트인 서울의 도시 공간을 대비시킨 공간 구성도 돋보이는데, 특히 서울역 계단을 활용한 장면이 기억에 남는다. 주인공이 남편의 글을 신문사에 건네고 집으로 돌아가는 기차를 타려는데 신문사 기자가 뒤따라와 말을 거는 장면에서 서울역 계단 위로 서울역그릴 간판이 등장한다. 기차 시간을 놓친 주인공은 때마침 다가온 젊은 기자와 결국 이곳에서 저녁식사를 한다.

 서울역그릴은 영화 배경지일 뿐만 아니라 근대 문화를 대표하는 장소이기도 하다. 1983년 4월 10일에 소개된 「'적자' 서울역그릴 운영권 민간인에게」라는 조선일보 기사에서는 서울역그릴을 우리나라 최초의 서양식 식당, 유일한 국영 식당이라고 소개한다. 서울역 그릴이 문을 열었을 때만 해도 유일한 양식 고급 식당이어서 주로 일본총독부의 고관들이 이용했다고 한다. 그뿐만 아니라 이승만 대통령도 즐겨 찾았고 윤보선, 박정희, 최규하 대통령 등도 지방 출장 때문에 서울역에 오면 잠시 들러 쉬어가곤 했단다. 최무룡, 김지미, 도금봉 등 당시 유명 배우들의 발길도 잦았다고 한다.

그러나 당시만 해도 돈가스는 현재의 호텔 식당 메뉴처럼 가격이 비싸서 부유층이나 먹을 수 있는 음식이었고, 이러한 이미지는 1990년대 초반까지 이어졌다.

왕돈가스의 상징, '남산돈까스'

1930~40년대에 일본의 돈카쓰가 한국에 소개되었을 당시 돈가스는 주로 백화점이나 고급 경양식 식당에서 제공되는 고급 음식이었다. 그러나 한국전쟁 이후 경제적으로 어려워지며 더 저렴하고 푸짐한 음식을 선호하게 되면서 돼지고기를 얇게 펴서 넓고 크게 만든 '왕돈가스'가 등장했다. 왕돈가스는 주문이 몰릴 때를 대비해 한 번 튀긴 뒤 반조리 상태로 냉장 보관해두었다가, 주문이 들어오면 바로 다시 튀겨내 빠르게 제공했다. 밥과 간단한 반찬, 그리고 소스를 곁들인 형태는 손님들에게도 간편하고 만족스러운 한끼로 다가갔다.

시간이 곧 돈이기에 짧은 시간 동안 빠르게 한끼를 해결해야 했던 택시 기사들에게, 왕돈가스는 밥과 반찬까지 갖춘 더없이 든든한 메뉴였다. 그렇게 왕돈가스는 기사식당의 단골 메뉴이자 대표 메뉴로 점차 자리잡았다.

이러한 흐름 속에서 종로의 '남산돈까스' 같은 상징적인 장소가 탄

'원조' 남산돈까스 ⓒ 최준란

생했다. 1992년, 박제민씨는 서울 중구 남산동에 택시 기사와 남산 케이블카를 이용하는 가족을 대상으로 남산돈까스의 문을 열었다. 큼지막한 돈가스, 그리고 고추가 들어간 소스로 택시 기사 사이에서 명성을 얻던 이곳은 1997년에 현재의 소파로 101 자리로 이전하여 영업을 이어갔다. 그러나 2011년, 임대차 갈등으로 박씨는 해당 장소에서 퇴거해야 했다. 이후 박씨는 '23번지 남산돈까스'로, 건물주측은 같은 자리에서 '101번지 남산돈까스'로 영업하면서 '남산돈까스' 원조 논란이 일었다.

식사류

언제 어디서든 즐기는 돈가스

1980년대 후반 냉동 돈가스 제품이 출시되면서 돈가스는 점차 가정에서도 손쉽게 즐길 수 있는 음식으로 자리잡았다. 동시에 패밀리 레스토랑이 확산되며 외식 메뉴로도 큰 인기를 끌었다. 이 시기의 돈가스는 일본식과 달리 썰지 않고 통째로 제공되었으며, 나이프와 포크를 사용해 먹는 것이 일반적이었다. 또한 돈가스 위에 소스를 뿌리고, 밥과 김치 또는 깍두기가 함께 나오는 한국적인 스타일을 유지했다.

2000년대 이후에는 프리미엄 돈가스 전문점이 하나둘 등장했다. 그러면서 얇고 바삭한 튀김옷, 신선한 재료, 다양한 소스가 특징인 고급 돈가스 문화가 확산되었으며, 일본식 돈가스를 전문으로 하는 레스토랑도 늘어났다. 각 지역의 특산물을 활용한 흑돼지 돈가스, 고구마 돈가스 같은 창의적인 돈가스가 다양하게 개발되면서 돈가스 문화의 폭도 넓어지고 있다.

서양 요리와 일본 요리의 영향을 받은 한국 돈가스는 한국인의 입맛과 문화에 맞게 재탄생하며 꾸준히 변화하고 있다. 그러면서 여전히 향수를 불러일으키는 음식이자 든든한 한끼로 사랑받고 있다.

다시 찾은 '1925 서울역그릴'

일제강점기를 배경으로 하는 정명섭의 소설 『별세계 사건부』를 보

1925 서울역그릴 ⓒ 최준란
1925년 10월 서울역에 처음 문을 연 국내 최초 경양식 레스토랑 '서울역그릴'.
현재는 잠실 롯데월드몰로 옮겨갔다.

면 '그릴'이 등장한다. 이 소설에는 서양 음식을 즐기던 당시 경성 상류층의 모습이 잘 드러나고 있었다. 유성기에서 흘러나오는 음악 소리나 하얀 제복을 입고 머리에는 포마드를 발라 말끔하게 단장한 직원의 모습이 너무나 생생했다.

  이 소설을 읽은 후, 새로이 문을 연 서울역 '그릴'을 찾아가보았다. 2021년 11월 30일 문을 닫았던 서울역그릴은 2022년 5월 잠실 롯데월드몰 6층으로 자리를 옮겨 '1925 서울역그릴'로 새롭게 문을 열었다. 함박스테이크와 돈가스 같은 정통 경양식 메뉴를 선보이면서 옛

'서울역그릴'의 맛과 분위기를 재현해낸다.

처음과는 분위기가 달라졌지만 그래도 한때 역사의 뒤안길로 사라졌던 장소들이 돌아와 추억을 소환하니 반갑다. 다음에는 왕돈가스의 성지인 '23번지 남산돈까스'를 직접 찾아가볼 예정이다. 그곳에서는 또 어떤 이야기가 기다리고 있을지 기대된다.

최준란 ◆ 한국외국어대학교 글로벌문화콘텐츠학과 겸임교수

한국외국어대학교에서 일본어를 전공하고 동대학원 글로벌문화콘텐츠학과에서 박사학위를 받았다. 현재는 지역의 문화적 특성에 기반을 둔 문화콘텐츠에 관심을 갖고 도시재생 측면에서 어떤 효용성을 가져올 수 있을지에 대한 연구로 학문적 관심을 넓혀가고 있다. 출판평론가로 활동하고 있으며, 저서로 『바야흐로 웹소설의 시대다』 『책문화공간과 도시재생』 『지역과 문화를 살리는 지역서점의 미래』 (공저) 등, 역서로 『어떡하지?』 『하루 3분 눈 운동』 등이 있다.

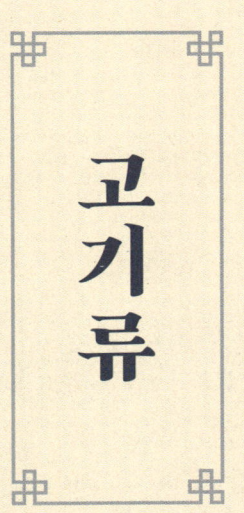

고기류

불고기전골

영양도 맛도 잔칫집처럼 풍성한 맛

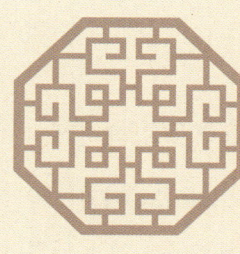

내향인도 어울더울 함께하게 만드는 한끼

사회초년생 시절, 업무로 교류하다가 개인적인 친분으로까지 발전한 소위 '사회 언니'의 결혼식에 가게 되었다. 언니는 내게 결혼식에 참석해달라고 신신당부했다. 지금은 큰 의미가 없는 말이 되었지만, 그 시절 결혼 적령기를 한참이나 넘긴 언니는 하객이 별로 없을까 봐 노심초사했다. 신부대기실에서 축하를 건네자, 언니가 눈물까지 글썽글썽하면서 꼭 밥을 먹고 가라길래 마침 시장하기도 해서 식당으로 들어섰다. 그러자 입구에서 안내하던 결혼식장 직원이 네 명씩 모여 앉으라고 강권했다.

식탁 위에 차려진 메뉴를 보고 되돌아갈까 머뭇대다가 엉겁결에 어느 노부부와 합석을 하게 되었다. 직원은 우리가 앉자마자 커다란 대접에 담겨 있던 불고기를 가운데는 우뚝하면서 가장자리에는 오목한 국물받이가 있는 노르스름한 불판 위에 쏟아주었다. 그렇게 어색한 식사가 시작됐다. 그런데 집게로 이리저리 고기를 뒤집으며 익기를 기다리고, 또 서로 먼저 먹어보라고 권하는 동안 자연스레 말문이 트였다. 오래전부터 알아온 사이처럼 이런저런 이야기를 나누게 되었다. 상당한 시간이 흘렀어도 그때의 광경이 또렷이 떠오른다. 그게 처음 만난 노부부의 따뜻한 인정 때문이었는지, 결혼식 하면 으레 갈비탕을 대접하던 시절에 예상치 못하게 불고기전골을 만난 놀라움 때문이었는지, 허기와 추위를 녹여주던 불고기전골의 따끈하고 달큰한 맛 때문이었는지는 모르겠다. 하지만 지금도 그 언니를 생각하면 항상 풍성한 불고기전골이 함께 떠오른다.

한민족의 부침과 함께한 불고기의 역사

불고기의 시초는 고구려 시대의 '맥적貊炙'에서 찾아볼 수 있다. 주로 돼지고기에 된장 베이스로 양념하여 짭조름한 맛을 내는 구이 요리였을 것으로 추정된다. 고려시대에는 설야적雪夜炙, 설하멱雪下覓, 설리적雪裏炙 혹은 설하멱적雪下覓炙이라고 부르는 요리가 있었다. 주로 고기를 꼬치에 꿰어 소금을 뿌리고 기름을 발라 구워먹는 요리였다.

고기류

이후 조선시대로 접어들면서 왕실을 중심으로 맥적과 설야적의 계보를 잇는 요리가 등장한다. 바로 달달하게 양념한 소고기를 얇고 넓적하게 구운 너비아니다. 일제강점기 시대에는 왕실 외에도 부유한 조선인이나 일본인들 또한 너비아니를 즐기게 되었으며, 주로 고급 술집(요정)의 메인 메뉴로 유행하였다.

일제강점기 시대에 인기를 끈 대중종합지 『별건곤』, 『삼천리三千里』, 『신여성新女性』 등에는 당대 국내외 유용한 정보가 많이 소개됐다. 대중 계몽을 시도하는 한편, 다양한 트렌드를 선도하면서 이들 잡지는 소위 모던걸과 모던보이가 즐기는 대중매체로서의 역할을 톡톡히 해냈다. 여기에 음식에 관련된 내용도 자주 게재되었다. 『별건곤』의 '잡저' 코너는 주로 난센스를 비롯한 유머러스한 내용이 자주 실렸다. 예를 들어, 1932년 3월호(제49호)에는 '남녀 환자 이백 명 무료 입원 모던 지상 대학병원'에서 활동수면증 환자에게 너비아니를 두 쪽만 먹고 자장가를 들으며 취침하라고 처방했다는 이야기가 실리기도 했다.

한편 주요한이 1931년 6월에 발행한 『동광東光』(제22호)에는 러시아 사람이 연재하는 기행문 「회녕 성내의 하룻밤, 러시아 문호 가린의 조선기행」이 실렸는데, 여기에 "군수가 환행還行한 후에 우리는 조선식으로 저녁을 먹었다. 반찬은 닭백숙과 쇠고기 전골과 너비아니와 백반 등 7종인데 여기에 빵을 섞어 먹으니 별미"라는 구절이 나온다. 이로 미루어보건대 불고기전골 혹은 너비아니를 특식으로 대접했음을 알 수 있다. 1939년 7월 28일 동아일보 '오늘 저녁엔 이런 반찬을' 이란 코너에서는 준치젓국찌개와 우육너비아니를 소개해 역시 소고기 너비아니가 특별한 음식임을 짐작하게 한다.

너비아니와 함께 야키니쿠燒肉라는 단어도 혼용되었다. 당시 조선 음식의 가격을 보여주는 1941년 『삼천리』(제13권 제6호)의 기록을 보면 "일주日酒 1합슴 50전, 탁주 1합 20전, 비루 1뽄本 85전, 사이다 1뽄 50전, 냉면 1기器 60전, 백반 1기 30전, 육탕肉湯 1기 40전, 야키니쿠 1인분 70전, 갈비 1인분 70전, 갈비탕 1인분 70전, 비빔밥 1기 60전, 만둣국 1기 60전, 회갓 1인분 60전, 떡국 1기 50전, 장국밥 1기 50전, 쟁반 1상 1원 이상. 반식飯食 가격은 대개 이러하다"라고 소개되어 있다. 일본에서 불고기를 야키니쿠라 불렀으니 동일 음식이 한국에서는 너비아니, 일본에서는 야키니쿠로 불렸을 가능성도 배제할 수는 없다.

이 시기의 신문과 잡지를 보면 스키야키도 자주 등장한다. 너비아니와 야키니쿠가 주로 국물 없이 먹는 고기구이 요리라면, 스키야키는 자작한 국물과 고기를 함께 먹는 음식이다. 1936년 편찬된 『대경성공직자명감大京城公職者名鑑』에는 충무로에 일본인 이토 도사쿠가 스키야키 식당을 개업했다는 소식이 실려 있고, 『윤치호 일기』에는 윤치호, 양주삼, 김활란, 언더우드, 아펜젤러 등 조선의 유명 인사와 일본 고위 관료들이 스키야키를 대접했거나 행사에 초대받아 스키야키를 먹었다는 내용이 나온다. 이로 미뤄볼 때, 당시 스키야키는 소고기를 제공하는 일본 고급 요리를 지칭하는 것으로 보인다.

광복 이후 너비아니라는 말은 점차 불고기로 대체된다. 식품영양학계에 따르면, 1958년 편찬된 방신영의 『고등요리실습』에서 불고기라는 단어가 처음 나타났다고 한다. 당시 불고기는 너비아니와 동일어로 간주되었지만, 이후 점차 다른 요리를 지칭하게 된다. 1965년에 김윤경 선생이 야키니쿠를 불고기로 대체하자고 주장했는데 이때 비로소 불고기라는 단어가 사용되었다고 보는 견해도 있다.

민중의 애환과 배고픔이 고급스럽게 진화한 요리

조선시대에는 왕실에서도 소고기를 자주 먹지 못했다. 그래서 일반 백성들뿐 아니라 왕실에서도 소고기를 구워서 먹기보다는 양을 늘리는 방식으로 조리하였다. 그중 하나가 바로 전골이다. 전골이라는 말은 전립투골氈笠套滑에서 유래했다. '전립투'는 조선시대 병사들이 썼던 벙거지 모자이며, '골'은 여러 가지를 섞는다는 뜻이다. 전립투처럼 생긴 데에다가 여러 가지를 섞어 먹는 음식이라는 의미인 셈이다. 이후 전립투나 삿갓 모양으로 만든 번철燔鐵이나 남와南鍋에 고기를 익혀 먹는 방식으로 변화했는데 이것이 현재 서울식 불고기전골의 원형이라고 할 수 있다. 성협의 〈야연野宴〉속 모습처럼 전립투 모양 그릇을 뒤집어놓은 다음, 테두리의 평평한 곳에 고기를 굽고 오목한 중앙에

성협, 〈야연〉, 『풍속화』, 국립중앙박물관 소장.
관례를 마친 청년이 야외에서 어른들과 함께 전립투 모양의 그릇에
고기를 구워먹으며 축하 자리를 즐기고 있다.
번철에 고기를 구워먹는 조선시대 난로회의 일면을 볼 수 있다.

채소와 여러 재료를 넣어서 끓여가며 먹는 식이다. 특히 추위가 시작되는 초겨울이면 야외에서 난로를 에워싸고 둘러앉아 고기를 구워먹는 '난로회'가 열렸는데 이러한 풍습은 18~19세기 서울에서 크게 유행한 뒤 전국적으로 확산했다.

『동국세시기東國歲時記』에 따르면, 숯불을 화로에 피워놓고 번철을 올린 다음 계란, 파, 마늘, 후춧가루 등으로 갖은양념을 한 쇠고기를 둘러앉아 구워먹는 것이 난로회였다. 특히 『홍재전서弘齋全書』에는 정조가 신축년(1781) 겨울에 각신, 승지, 사관과 함께 매각梅閣에서 난로회를 열었다는 기록이 나오는데, 정조는 겨울철이면 정기적으로 난로회를 개최함으로써 규장각, 홍문관, 승정원 등에서 일하는 여러 신하들을 위한 위무의 자리를 마련했다. 다산 정약용은 정조가 베푼 난로회에 참석한 후 여러 글을 통해 황송한 마음을 토로한 바 있으며, 그 역시 "삿갓 모양 솥뚜껑에 노루고기 구워놓고"(『다산시문집茶山詩文集』 권3) 난로회를 즐기기도 했다. 연암 박지원도 『만휴당기晚休堂記』(『연암집燕巖集』 권3)에서 이러한 모임을 난회煖會, 철립위鐵笠圍라고 기록한다.

난로회에서는 소고기, 노루고기, 양고기 등 다양한 육류를 구워먹었으며, 야외에서 주연을 열되 때로는 눈 속에 핀 매화를 구경하기 위한 모임인 매화음梅花飮의 형태를 띠기도 했다. 살포시 눈발이 날리는 야외에서 고기를 구워먹으며 입안에서 진한 육향을 즐기다가 코끝이 알싸해지는 추위가 느껴지면 따뜻한 국물을 먹으며 몸을 데우는 난로회. 이는 어쩌면 본격적인 겨울을 나기 위한 일종의 의식 같은 것이었는지도 모른다. 한마디로 난로회는, 임금과 신하가 어울리고, 어른과 청년이 함께하고, 벗들끼리 허물없이 즐기는 운치와 맛있는 음식이 함께하는 우리 고유의 멋들어진 문화라고 하겠다.

따끈함과 달큰함으로 분위기와 영양을 채우는 서울식 불고기전골

서울식 불고기가 언양식 불고기나 광양식 불고기와 달리 전골 형태를 띠게 된 것은 난로회의 이러한 특성을 계승했기 때문이리라. 이제 우리는 추운 야외가 아니더라도 1년 내내 어디서나 불고기전골을 즐긴다. 이러한 서울식 불고기전골의 대중화에는 한일관의 역할이 상당히 컸다.

한일관은 1939년 종로3가에서 화선옥이라는 이름으로 출발했다. 처음에는 저민 소내장을 전통 방식으로 양념한 뒤 직화로 구운 불고기와 장국밥을 팔았다고 한다. 해방이 되자 소고기 유통이 원활해져 서민들도 살코기를 먹을 수 있게 되었다. 이에 해방 이후 상호를 바꾸고 종로1가로 이전한 한일관에서도 살코기를 양념하여 구운 '궁 불고기'를 팔기 시작했다. 석쇠에 구워 제공된 궁 불고기는 너비아니와 유사한 형태였던 것으로 보인다. 한일관은 제법 장사가 잘되었지만, 한

고기류

국전쟁이 발발하면서 부산으로 피난했다. 재료 수급이 어려운 상황 속에서도 불고기와 백반을 팔며 영업을 계속했다고 한다.

  1953년 서울이 수복되자 한일관은 종로1가로 돌아와 영업을 재개했다. 손님이 많아져서 1957년에는 그 자리에 3층 건물을 신축하면서 식당을 확장했다. 한일관측에서는 1950년대 말에서 1960년대를 육수가 있는 불고기와 석쇠에 구운 불고기가 공존하던 시대였다고 기록한다. 물론 석쇠불고기가 더 전통적인 음식이긴 하지만 한국전쟁을 계기로 육수가 있는 불고기, 즉 지금의 서울식 불고기전골이 탄생했다는 것이다. 두 가지 불고기가 공존했지만 사람들이 한일관 앞에서 '웨이팅'을 했던 건 자작한 국물에 소고기를 익혀 먹는 불고기전골 때문이었던 것 같다. 일반 손님뿐만 아니라 결혼식 피로연과 회갑연을 하는 손님까지 몰릴 정도였다니 한일관 불고기의 폭발적인 인기를 짐작할 만하다. 이후 한일관은 1967년에는 명동에 신축 건물을 짓고 1969년에는 광교 사거리와 신신백화점에 지점을 운영하기에 이른다. 그야말로 한일관의 최대 번성기였던 셈이다.

  서울식 불고기전골이 지금 같은 모습으로 자리잡는 데는 한일관에서 특별히 고안했다는 불고기판이 큰 역할을 했을 것으로 예측된다. 1960년대에 가스버너를 사용하면서 한일관에서는 정중앙이 위로 불룩하고 가장자리가 도랑처럼 움푹 들어가 육수도 담을 수 있고 다양한 사리도 넣어 먹을 수 있는 현재와 같은 불고기판을 고안했다고 한

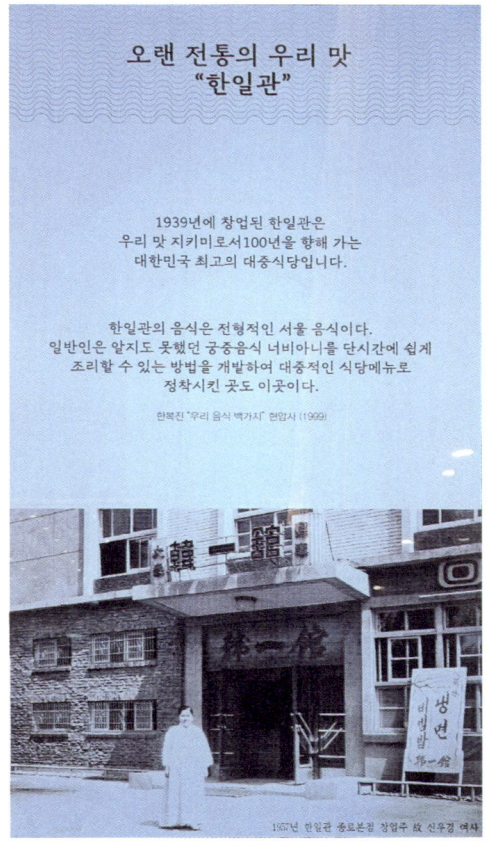

1957년 종로 한일관 모습과 창업주 신우경 여사

한일관 입구에 걸려 있는 홍보 자료. 1939년에 창업한 한일관은
서울과 경기 지역에 여러 지점이 운영되고 있는데 모두 직영점이다.
창업주는 한국전쟁이 끝난 후 서울로 돌아와서 종로에 3층 건물을 신축하였다.
사진은 현재 한일관 광화문점에 전시된 자료를 촬영한 것이다.

고기류

다. 1950년에는 국어사전에 '불고기'가 표제어로 실렸고, 1973년 새 국어사전에는 양념에 고기를 재웠다가 구워먹는 요리라는 뜻까지 들어갔다. 이처럼 불고기는 점점 대중화돼 명실상부한 '코리안 바비큐 Korean BBQ'의 위상을 획득했다. 그리고 한일관은 서울식 불고기전골의 보급화와 대중화에 기여한 대표 주자로 자리매김했다. 지금도 종로를 비롯한 서울 시내 중심가 곳곳에 자리한 한일관은 화려한 서울의 풍경과 서울식 특유의 불고기전골을 동시에 맛보게 한다.

1951년 폐허가 된 채 간판만 남아 있는 한일관 정경

한국전쟁으로 한일관은 부산으로 피신할 수밖에 없었는데 그럼에도 식당을 계속 운영했다고 한다. 뼈대만 남은 스산한 건물과 조선요리 청풍장이라는 간판 위로 대중식당 한일관이라는 간판이 삐뚤게 걸려 있다. 사진은 현재 한일관 광화문점에 전시된 자료를 촬영한 것이다.

화려한 고층 건물 한복판에 자리한 한일관 광화문점 ⓒ 최영희
한일관은 점포에 따라 조금씩 다른 메뉴로 차별화를 꾀한다.
광화문점에서는 정갈하고 고급스러운 서울식 불고기전골을 판매한다.
예나 지금이나 서울의 중심가에서 화려한 서울의 풍경과 맛을 함께 제공한다.

요즘도 특별한 일을 기념하거나 영양 보충을 해야 할 때 서울식 불고기전골이 식탁 한가운데 놓인다. 서울식 불고기의 특징은 전골 형태로 먹는 자작한 국물 요리라는 점과, 어떤 재료와도 조화를 이루는 궁극의 균형을 보여준다는 점이다. 고급 부위에서부터 부속물까지 다양한 고기를 사용할 수 있으며, 짭짤한 맛부터 달콤한 맛까지 다채롭게 양념을 추가할 수도 있다. 게다가 제철 채소부터 버섯이나 당면, 만두까지 어떤 재료를 곁들이느냐에 따라 그야말로 다종다양한 요리가 탄생한다.

산업화 시대를 거치고 소고기가 수입되면서 서울식 불고기전골은 가정식으로 보편화되었고, 식당에서는 1인용으로도 즐길 수 있도록 작은 뚝배기에 담긴 '뚝배기불고기' 형태로 진화하였다. 설탕의 보급도 변화에 한몫했다. 설탕이 대중화되면서 서울식 불고기에 단맛이 추가됐다. 설탕은 고기를 부드럽게 해줄 뿐 아니라 여러 재료를 어우르는 구심점 역할도 담당한다. 연육이 잘된 불고기는 소화가 잘되고

불고기전골에 사용하는 한일관의 불판 ⓒ 최영희

신선로를 판매하는 한일관에는 늘 육수가 준비돼 있었다.
주문을 하면 전립투를 뒤집은 모양처럼 생긴 불판에 이 맑은 육수가 담겨 나온다.
불육수라고 부르는 불판의 육수 외에, 진한 맛을 원하는 손님을 위해
진육수(오른쪽에 국자가 있는 그릇)라고 부르는 육수가 따로 제공된다.

씹기 용이하기 때문에 양질의 단백질 섭취가 필수인 어르신들에게 최적의 요리가 아닐 수 없다.

그뿐만이 아니다. 뜨끈하게 담겨 나오는 뚝배기불고기는 돈 없고 배고픈 청춘들이 풍족한 한끼를 해결하기에 모자람이 없다. 집에 특별한 일이 있거나 손님이 올 때도 별다른 번거로움 없이 손쉽고 빠르게 준비할 수 있는 풍성한 요리이기도 하다. 특별한 반찬이 없어도 서울식 불고기전골은 고기를 건져 쌈으로 싸 먹으면서 한번, 불판에 놓인 여러 재료를 곁들이면서 또 한번, 그리고 달큰한 국물에 밥을 비벼 먹으면서 다시 한번, 여러 차례 색다른 식사를 경험하게 한다. 여럿이 전골냄비를 놓고 둘러앉아 함께 먹든, 뜨끈뜨끈한 작은 뚝배기를 놓고 혼자 먹든, 서울식 불고기전골은 그렇게 고급스러우면서도 풍족한 한끼로 우리 삶을 채워주고 있다.

고기류

최영희 ♦ 서울과학기술대학교 문예창작학과 부교수

고려대학교 국어국문학과에서 박사학위를 받았다. 동아시아 영화에 관심이 많아 한국과 중국의 영화를 비교하는 연구에 집중하고 있으며, 최근에는 생성형 AI를 활용한 영화 제작 프로젝트를 진행중이다. 저서로는 『한국공연예술의 새로운 미래』 『신데렐라 최진실, 신화의 탄생과 비극』 『교양글쓰기』 『택시운전사』 『여성, 영화의 중심에 서다』 등을 공동으로 집필하였고, 주요 논문으로는 「중국 고전문학 IP의 문화콘텐츠 개발 사례 연구」 「한중 범죄 영화의 표상 비교 연구」 「글로벌 K-드라마의 여성영웅 서사」 「세계대전 이후 동아시아 미디어 서사의 글로컬리티와 스타덤의 활용」 등 다수가 있다. 인문연구모임 문이원文而遠의 상임연구원으로서 동양고전을 번역하고 현대적인 관점에서 풀이하는 작업에 푹 빠져 있으며, 그 결과물로 『소서』 『장원』 『지낭』 『반경』 『거스르지 않는다』 『삼자경』 『소인경』 등을 공동으로 출간하였다. 웹진 〈문화 다〉 편집동인으로 활동하며 연극 평론과 TV드라마 평론을 다수 게재하였다.

족발로드의 시작

족발

군대에 있는 사병들에게 가장 먹고 싶은 음식이 뭔지 물어보면 초콜릿과 함께 족발을 많이 꼽는다고 한다. 평생 부산 토박이로 살던 내가 낯선 미국 땅에서 코로나 19라는 날벼락을 맞은 와중에 가장 생각났던 먹을거리 또한 족발이었다.

껍질 쪽을 먹을까, 살코기만 먹을까. 심사숙고하다가 콤콤하면서도 달짝지근한 냄새와 모락모락 피어오르는 김을 헤치고 쫀득하고 기름진 한 점을 젓가락으로 집어 새우젓에 살짝 찍어 먹는 그 맛, 족발은 무엇보다 그리운 한국의 맛이었다.

쫀득함의 비결, 냉온과 단짠의 요리법

족발이라는 이름은 좀 특이하다. 발을 뜻하는 한자 족足과 순우리말 발의 합성어이기 때문이다. 굳이 뜻을 풀어보자면 '발발'이니, 역전 앞처럼 같은 말이 반복되는 겹말이다. 문법에는 맞지 않는 이 이름은 그래도 표준어로 자리잡았다. 이름만 들으면 곰발바닥처럼 어느 동물의 발바닥 요리인가 싶지만, 족발은 '돼지의 발가락뼈에서 시작해 발허리뼈와 발목뼈 사이를 절단한 것'을 지칭한다. 먹기 전에는 '기껏해야 발로 만든 음식 맛이 거기서 거기지'라고 생각할지도 모른다. 그러나 쫀득하면서도 살살 녹아내리는 고기 한 점을 입에 넣기만 해도 그런 섣부른 판단이 큰 오산이었다는 것을 깨닫게 된다. 냉탕과 온탕을 넘나들며 탄생해 무엇에도 꿇리지 않는 족발의 차진 맛에 반할 수밖에 없다.

돼지 발이라는 특수한 부위로 조리하기 때문에 족발은 손이 많이

돼지 발톱이 그대로 남아 있는 족발
ⓒ 채지형, 한국저작권위원회, 공유마당

족발의 비주얼은 이를 처음 접하는 이들에겐 다소 야만스럽게 느껴질 수 있다. 선뜻 젓가락을 대기가 쉽지 않을지도 모르나 일단 입에 넣는 순간 그 맛에 설득당할 수밖에 없는 묘한 매력을 지녔다.

가는 요리다. 먼저 돼지 발을 차가운 물에 담가 핏물을 제거한 다음 팔팔 끓는 물에 삶는다. 초벌로 익힌 고기를 다시 차가운 물에 담가 이물질을 꼼꼼히 씻어낸 후 양파, 마늘, 대파를 넣고 끓인 육수에 넣어 푹 삶는다. 이때 소금 대신 간장으로 간을 하고 물엿이나 설탕을 넣은 다음 중불에서 뭉근하게 삶아내면서 감칠맛을 더한다. 다 익어 건져낸 돼지 발은 얼핏 보면 장수 음식으로 호평받는 수육과 닮았다. 그러나 수육의 슴슴한 맛은 족발의 폭발하는 감칠맛과는 비교가 되지 않는다. 간장, 물엿, 설탕으로 켜켜이 쌓은 감칠맛은 양념의 맛을 100퍼센트 흡수하는 돼지 지방에 쌓였다가 입안에 들어가 한입 깨무는 순간 폭발하기 마련이다. 아무 맛도 나지 않는 돼지의 지방이 복잡한 조리 과정을 거쳐 완벽하게 단짠단짠의 흡인력을 지닌 요리로 변신하는 마법! 여기서 끝이 아니다. 뜨거운 족발은 한 김 식힌 후에 내는 것이 정석이다. 뜨거운 물과 차가운 공기를 오가며 담금질을 받아야 씹을수록 고소하고 쫄깃한 족발의 참맛이 비로소 살아난다.

장충동은 왜 족발의 성지가 되었나

장충동에 있는 동대입구역에 내리면 학생으로 보이는 젊은이들이 총총거리며 학교로 향하는 모습이 일단 눈에 들어온다. 나이 지긋한 어르신들은 장충단공원 안에서 한가롭게 담소를 나누거나 산책을 즐기신다. 조금 더 주변을 살피면 신라호텔과 장충체육관이 눈을 사로잡는다. 그리고 맞은편 족발 골목에는 중년의 부부가 어느 가게에 들어가면 좋을지 족발집 입구를 기웃거리며 탐색한다. 족발집이 즐비한 골목 입구에서부터 설탕과 물엿, 그리고 누린내를 잡는 향신료 냄새가 은은하게 풍겨오며 아직 고프지 않았던 배까지도 주리게 만든다. 여기가 바로 족발의 성지 장충동이다.

서울의 대표적인 구도심인 장충체육관 사거리에서는 세대와 국가를 아우르는 다채로운 분위기를 느낄 수 있다. 이 매력적인 장충동의 본격적인 역사는 고종 시기에 시작되었다. 고종은 봉건 국가 조선의 역사를 마감하고 세워진 근대 국가 대한제국의 초대 황제였다. 그는 대한제국 수립 이후 자주 국가로서 국가의 위엄을 갖추고자 제도를 정비하고 사회 개혁을 위해 여러 사업을 벌였다. 1900년 장충단獎忠壇의 건립 또한 이러한 취지에서 비롯된 것이다. 고종 황제는 을미사변 때 나라를 위해 충성을 다해 싸우다 순국한 호국 영령들을 위로하려 장충단을 세워 제사를 지냈다. 지금은 작은 공원으로만 남아 있지만 처음에는 지금의 신라호텔과 국립극장이 있는 지역까지 아우르는 상당히 큰 규모였다.

한일강제병합 이후 일제는 조선의 민족혼이 깃든 이곳을 곱게 보지 않고 폐사했다. 3·1운동 이후에는 민족 말살 정책의 하나로 장충단 터에 수천 그루의 벚꽃을 심어 공원으로 꾸미고, 장충단 사당이 있던 자

장충단 터 ⓒ 정나영

우리나라 최초의 현충원으로 볼 수 있다.
장충동 일대를 넓게 아우르던 장충단은
민족혼을 말살하기 위한 정책으로 희생되어 이제는 터만 남아 있다.

1930년대 서울 박문사(현 신라호텔 자리) ⓒ 한국저작권위원회, 공유마당

리에 조선 초대 총독 이토 히로부미를 기리는 절인 박문사를 웅장하게 지었다. 해방이 되자 일제의 정신적 상징이었던 박문사는 헐리고 그곳에 국빈을 맞이하기 위한 영빈관(지금의 신라호텔)이 세워졌다.

장충단 일대는 애국심을 호소하는 공간이자 한민족이 나아가야 할 방향을 제시하는 공간이기도 했다. 말하자면 장충동은 우리의 민족혼이 깃든 '장소의 혼Genius Loci'이었다. 따라서 일제 역시 같은 방식으로 조선의 민족혼이 되살아나지 못하게 그 충혼의 공간을 철저히 파괴한 것이다. 해방과 함께 일제강점기의 안타까운 역사가 뒤안길로 조용히 묻힌 지금은 또 달라졌다. 봄마다 남산길에 벚꽃이 활짝 피면 이 아름다운 길을 누가 조성했는지도 모르는 젊은 연인들이 쌍쌍이 웃으며 거닌다.

1914년 조선총독부 토지조사국에서 편찬한 경성부명세신지도京城府明細新地圖를 보면, 장충동은 외딴 교외 지역에 지나지 않았다. 그러다 1920년대부터 일제가 경성 확장 사업을 진행하면서 경성 시내와 연결되는 전차 노선과 길이 장충단공원까지 뚫리면서 크게 변화하기 시작했다. 이 일대 교통이 편리해지자 1927년에는 경성 북촌에나 있을 법한 고급 주택가인 소화원이 들어섰다. 주로 일본인들이 살았던 소화원은 이내 후암동의 학강, 북아현동의 금화장과 더불어 경성 3대 일본식 고급 주택지로 명성을 날리게 되었다. 일본인들은 공기 좋고 물 좋은 장충동에 벚꽃 공원까지 조성해 식민지 경성을 한껏 누렸지만

고기류

일본이 갑자기 패망하자 짐도 제대로 못 싸고 도망치듯이 본국으로 부랴부랴 돌아갔다. 해방 후 이곳은 적산가옥으로 낙인찍히면서 급속히 쇠락했다.

한국전쟁으로 고향을 떠나온 이북의 실향민들은 빈민가나 다름없이 변한 이 장충동 적산가옥에 하나둘 들어와 터를 잡았다. 실향민들은 낯선 땅에서 어떻게든 먹고살 방도를 찾아야 했다. 그렇게 지금의 장충동 족발 거리에서 조금 떨어진 만정빌딩 한켠에 식당 두 곳이 문을 열었다. 언뜻 보기에 살도 별로 없고 우악스러운 뼈만 있는 듯하나 끝내 대표적인 국민 야식으로 등극하게 되는 장충동 족발이 탄생한 역사적인 순간이었다.

이들이 처음부터 주메뉴로 족발을 판 건 아니었다. 처음에는 빈대떡과 술을 주로 팔았는데, 단골 손님들이 든든하면서도 저렴한 술안주를 찾자 고향인 평안도에서 어릴 때 먹었던 족발 요리를 떠올렸다. 더듬더듬 기억을 헤치고 만들어 손님들 술상에 올린 안주는 단박에 사람들의 마음을 사로잡았다. 길지 않은 역사를 가진 족발의 기원을 굳이 찾아보자면 황해도의 토속음식 중 갱엿돼지족조림을 꼽을 수 있을 테다. 갱엿으로 누린내를 없애고 단맛을 더한 갱엿돼지족조림은 삶아서 뭉근하게 조리는 점, 바람을 맞혀 서서히 식히는 점 등에서 오늘날의 족발 요리와 닮았다. 물론 지금 우리가 먹는 족발 요리의 진정한 원조는 누가 뭐래도 장충동 족발이지만 말이다.

장충동 족발의 확산

 장충동은 1960년대부터 갑자기 수천 명의 인파가 드나드는 장소가 되었다. 1963년 우리나라 최초의 실내 종합경기장 장충체육관이 성대하게 개관했기 때문이다. 그 시절 "여러분 안녕하십니까? 여기는 서울 장충체육관입니다"라는 아나운서의 멘트는 온 국민을 설레게 했다. 프로레슬링의 박치기왕 김일이 한일전을 벌였고, 4전 5기의 신화 홍수환 선수가 대한민국 권투의 역사를 새로 썼으며, 씨름선수 이만기가 제1회 천하장사가 되었던, 전 국민의 추억이 깃든 곳이다. 그뿐만이 아니다. 연고전인지 고연전인지는 몰라도 오빠부대를 몰고 다녔던 농구대잔치도, 대학생의 가수 등용문인 대학가요제도 바로 장충체육관에서 개최되었다. 당시 행사가 열릴 때마다 8천 명 수용 인원이 꽉 찰 정도였다고 하니 어마어마한 사람이 동시에 모인 것이다. 이기면 이긴 대로, 지면 진 대로. 이곳에서 경기나 행사를 보고 나온 수많은 사람들은 집으로 그냥 돌아가기가 못내 아쉬웠을 것이다. 너나없이 마치 약속이나 한 것처럼 한데 어우러져 길 건너 보이는 족발집으로 직행하기 일쑤였다.

 장충체육관이 지어지고 그로부터 10년 후인 1973년 장충동 남산 자락에 동양 최대 규모인 국립극장이 건립되었다. 이제 공연 예술 관객들도 대규모로 장충동으로 모여들었다. 마당놀이 공연의 원조 배우 윤문식씨도 국립극장에서 공연을 하는 날이면 한 번을 거르지 않고

장충체육관과 신라호텔 ⓒ 정나영
옛 장충단 자리에 지어진 장충체육관과 신라호텔.
장충체육관 사거리에서 바라본 전경.

장충동 족발 골목을 찾았다고 한다. 하루는 같이 공연하는 선배가 윤문식이 출연하는 공연 포스터를 보고 그에게 반한 어떤 참한 아가씨를 소개해주겠다고 했다. 그는 첫 만남이 있던 날에도 돈이 없어 할 수 없이 막걸리나 시키려고 메뉴를 한참 쳐다보고 있었다. 초등학교 교사였던 상대가 그런 사정을 눈치챘는지 선뜻, 본인이 살 테니 먹고 싶은 안주를 고르라고 했단다. 이게 웬 떡인가 싶어 족발을 대大자로 시키고 술도 코가 비뚤어지도록 마셨다. 그들의 사랑은 이렇게 시작되었다. 그후로 매일같이 만난 그들은 딱 90일, 석 달 만에 결혼을 결심했다. 그러나 윤문식은 '광대에겐 딸을 못 준다'는 장인어른의 완강한 반대에 부딪쳤다. 사랑은 장애 앞에서 더욱 불타오른다고 했던가. 윤문식은 끝내 허락 없이 '볼수록 참했다'던 그녀와 결혼식을 올렸다. 사랑의 기억이 미뢰에 달라붙어서일까. 윤문식은 자신의 극적인 연애사를 회상하며 연극인이 추천하는 맛집으로 장충동 족발 골목에 있는 '평안도족발집'을 꼽았다. 장충동의 족발 한 점에는 이처럼 연극인의 애환과 젊은 날의 사랑 또한 깃들어 있다.

장충동에서 족발이 인기를 끈 건 지리적인 이점 때문이기도 했다. 육류만 전문적으로 취급하는 마장동 축산물 시장이 엎어지면 코 닿을 거리였던 것이다. 종로구 숭인동에 있던 우성산업 도축장이 1963년

현재의 남산자락 중간에 자리한 국립극장 ⓒ 정나영
1973년 당시 동양 최대 규모의 국립극장을 만들고자 외관을 웅장하게 마무리하였다.
이후 현대 기준에 맞춰 계속해서 리모델링을 하고 있다.

고기류

에 마장동으로 옮겨오면서 지금의 마장동 축산물 시장이 형성되었다. 장충동 사람들은 차로 15분, 자전거로도 20분이면 너끈히 오갈 수 있는 지근거리의 마장동에서 족발과 내장 같은 돼지 부산물을 싸고 신선하게 공급받을 수 있었다. 장충동 족발이 한창 사람들에게 입소문을 타던 1968년에는 축산 장려 정책으로 돼지고기 값이 대폭 저렴해지면서 소비자의 족발 수요도 급증했다.

1990년대에는 외식 트렌드가 바뀌면서 집으로 음식을 배달받아 가족들과 편안히 먹는 문화가 퍼져갔다. 이에 배달 전문점이 우후죽순 생겨나면서 족발도 전국적으로 가장 인기 있는 배달 음식으로 거듭나게 되었다. 당시 서울의 한 아파트단지 내 족발집에서는 한꺼번에 몰려드는 배달 주문량을 감당하느라 소형차를 네 대나 운용했을 정도였다니 가히 주문 폭주라 할 만하다.

원조 경쟁의 원조, 장충동 원조 족발

족발의 원조인 장충동에서도 진짜 원조 족발집은 어디일까? '평안도 족발집' '뚱뚱이 할머니집' '평남 할머니집' 등 원조라고 꼽히는 집은 여러 곳이 있다. 족발 장사가 잘되자 장충동에 족발집이 하나둘씩 늘어났고, 다들 상호에 ○○원조 족발, 족발의 원조, 족발의 시조, 진짜배기 원조 같은 수식어를 붙여 원조를 자처했다. 어떤 가게는 한술 더 떠 할머니까지 등장시켜 ○○○ 할머니집, ○○ 할망구집 같은 상호로 그럴싸한 원조의 포스를 풍겼다. 장충동의 원조 경쟁이 유난히 '원조'를 좋아하는 한국인의 '원조 경쟁의 원조'라는 사실을 아는 이는 많지 않을 것이다. 중국 사람이 음식점을 고르는 기준은 우리와 다르다. 정통성과 명분을 앞세우는 원조 음식점보다는 지금 사람들의 입맛에 맞는 음식을 만드는 곳이 더 인기라고 한다. 영미권 나라들도 중국과 비슷하다. 거리 간판에 노골적으로 '내가 원조'라고 써붙이는 경우는 보기 힘들다. 대신 언제부터 이 일을 해왔다고 역사성을 강조하는 노포는 종종 접할 수 있다. 그런 맥락에서 볼 때 우리나라의 원조는 '나는 오랫동안 수많은 사람의 입맛을 사로잡은 진짜 맛집'이라는 뜻을 내포하고 있는지도 모른다. 그러다보니 꽤 이름난 향토 음식 거리에서는 '원조'라는 수식어와 식당 주인 할머니 사진을 간판에 거는 모습이 불문율처럼 되었다. 하나같이 다 원조라고 하니 손님 입장에서는 오히려 '원조라고 주장하는 가게' 정도로 여겨지기도 하지만.

족발의 원조에 대한 시시비비를 따지는 문제는 장충동 족발 거리에서 수십 년간 오롯이 족발 하나만을 꿋꿋이 팔아온 상인들에겐 이젠 아무런 의미가 없다. 모두 긴 시간 동안 성실하게 노력해 족발 장인이 되었으니, 결국 모든 가게가 다 저마다의 원조이자 시조인 셈이다. 이 같은 역사를 걸어온 장충동 족발 거리에 옹기종기 모여 있는 십여 개의 족발집은 족발을 만드는 방식도 제각기 달라, 발길 닿는 식당마다

고기류

평안도족발집 입구 ⓒ 정나영   평안도족발집의 족발 ⓒ 정나영

『식객』의 저자 허영만은 이 집을 원조로 꼽는다.
금방 삶은 산더미 같은 족발을 눈앞에서 턱턱 잘라 쇠접시에 올려주는데,
무심한 담음새와 착 달라붙는 섬세한 맛이 조화롭게 어우러진다.

각양각색의 족발 맛을 느끼는 호사를 제공한다. 기본적인 맛은 엇비슷하면서도 저마다의 특색을 지닌 장충동 족발은 어느새 족발업계의 상징이 되었다.

종로에서도, 부산 앞바다에서도, 바다 건너 미국 LA에서도 족발집은 그냥 다 무조건 장충동 족발이다. 지하철 3호선 동대입구역에서 계단을 올라와 지상에 서자마자 보이는 줄지어 선 족발집! 여기까지 어려운 걸음을 한 김에 족발집에 들르는 것은 당연한 코스다. 자기만의 특색과 비법을 가진 장인들의 족발집이 줄지어 있는데 내 위장의 한계로 딱 한 집만 가야 한다는 사실이 못내 아쉬울 따름이다. 아무리 세상

의 산해진미로 식사를 해도 디저트 배는 따로 있다는데, 족발 배는 왜 장인의 손맛마다 따로 없는지 한탄스러울 지경이다.

세계로 이어진 족발로드

1990년대 말, 영국 대우연구소에 파견된 주재원들이 워딩 지역의 중국음식점 '상하이'에 드나들면서 식당 주방장에게 직접 요리 지도를 한 끝에 한국인의 입맛에 맞는 메뉴 두 가지를 개발했다. 바로 대우탕이라고 불리는 일종의 매운탕, 그리고 족발이다. 이후 그 식당에서는 대우 직원들이 오기만 하면 알아서 두 가지 메뉴를 척척 내놓았다. 이 소식을 들은 웨일스에 있는 LG전자의 한국인 주재원들도 세 시간이나 달려 이곳을 찾아와 노하우를 전수받아 돌아갔다고 한다. 아마도 곧 웨일스의 골목 한 모퉁이에서도 족발의 콤콤하고 달짝지근한 간장 냄새가 묻어났을 것이다. 한국인의 입맛을 사로잡은 족발이 세계로 뻗어나간 족발로드의 시작이었다.

장충동 족발의 매력은 한 점을 집어올리는 순간 젓가락에 척 달라붙는 쫀득함에서 온다. 젓가락에 달라붙은 쫀득함은 족발 한 점을 꼭꼭 씹는 동안 미뢰에 달라붙고 족발을 나눠 먹은 젊은 연인의 기억에도 달라붙어, 벌써 70년 가까운 세월 동안 잘 익어왔다. 돈이 없어 잔술을 시켜가며 취해보려 했던 가난한 젊음과, 거기에 기대어 살아보

고기류

려 했던 실향민의 절실함, 고도의 경제성장기를 거치며 늘 팍팍했던 삶의 좌절을 희망으로 전환했던 장충체육관의 함성이 그 맛의 역사에 녹아 있다. 롤랑 바르트는 매혹을 가장 잘 묘사하고 싶다면 그저 단순히 '매혹되었다'라고 말하라고 했다. 결국 텅 빈 기호일 뿐인 말로 장충동 족발을 표현하려고 하니 자꾸만 부족하게 느껴진다. 지금 내가 할 수 있는 말은 한마디뿐이다. 그래서 결국 '난 매혹되었다'.

정나영 ♦ 동아대학교 의과대학 해부학 교수

동아대학교 의과대학을 졸업하고 동대학원에서 의학박사학위를 받았으며, 사우스캐롤라이나 의과대학에서 방문교수를 역임하였다. 뇌신경해부학을 연구하며 의학 SCI 논문 50여 편을 발표했다. 동시에 우리 몸에 대한 대중의 이해를 높이기 위해 다양한 매체와 방법을 통해 의료 리터러시 교육 및 연구를 진행하고 있다. 역서로 『쉽게 이해하는 point 해부생리학』『의사가 들려주고픈 병원의 진짜 이야기』(공역) 등이 있다.

언제 어디서나 즐거운 청춘의 맛

치킨

현재 지구상에서 가장 널리 소비되는 육류이자 종교나 민족에 구애받지 않고 어디서나 활용될 수 있는 식재료는 무엇일까? 해마다 전 세계 인구보다 더 많은 수가 대량으로 사육되고 또 도축되는 닭이 아닐까. 특히 '치킨공화국'이라고 불리는 한국에서는 2023년 기준으로 1인당 한 해 평균 26마리의 닭을 소비했다고 한다. 인간이 전 지구의 환경에 영향을 미치는 시대를 인류세라 하는데 아주 먼 훗날 인류세를 이 닭 뼈 화석으로 판별할지도 모른다. 공룡 발자국 화석으로 홀로세를 판별했듯이 말이다.

한국의 치킨 혁명

치킨은 분단이 가져다준 음식이다. 미 군정기와 한국전쟁 이후 미군 부대가 한국에 주둔하면서 그곳에서 먹던 튀긴 닭요리가 한국인에게 전해지기 시작했다. 그러나 그때만 해도 식용유 수급이 원활하지 않았기에 민간에서는 튀긴 닭보다 구운 닭을 주로 먹었다. 1960년 영양센터가 명동에 문을 열면서 전기구이통닭이 유행하다가 1970년대 들어 한국 닭의 식용 과정에서 획기적인 전환의 계기가 마련되었다. 1960년대 후반부터 정부가 닭 품종 개량과 생산 증대 정책을 실행하면서 닭이 대량 생산되었고, 1971년 국내산 식용유가 처음 생산되어 식용유 값도 대폭 저렴해진 것이다. 이로써 튀긴 닭은 서민들도 큰 부담 없이 사 먹을 수 있는 음식으로 자리매김해 전국적으로 선풍적인 인기를 끌기 시작했다.

토막을 치지 않고 통으로 튀긴 닭은 전기구이와 마찬가지로 '통닭'이라고 불렸다. 한국의 기존 닭 요리와 마찬가지로 한 마리 통째로 익혀 나오는 통닭은 집안이나 외부 모임에서 권력자가 누구인지를 만천하에 공표

1960년대 양계장 ⓒ 전라남도청

하는 동시에 서열까지 매기는 요리였다. 요리의 주인공 닭다리를 누가 차지하느냐가 관건이기 때문이다.

그러나 1970년대 중반 새로운 손질 방법이 도입되면서 닭 요리에 대한 사회의 인식이 송두리째 바뀌었다. 다름 아닌 전 세계 치킨의 대표 프랜차이즈 브랜드인 미국 KFC의 조각내기와 튀김옷 입히기! 여섯 조각으로 해체되어 열한 가지 비법 양념을 자랑하는 감칠맛을 더한 튀김옷을 입은 닭은 프라이드치킨으로 환골탈태했다. KFC만의 조리 과정을 거친 닭은 어떤 부위를 먹든지 입에 대는 순간 동공에 지진을 일으킬 정도로 고소하고 바삭했다. 이제 치킨은 모든 부위가 골고루 맛있는 만인의 음식이 되었다.

옛날 시장 통닭 ⓒ 채지형, 공유마당

1974년 주식회사 동양농산은 미국 KFC에서 기계와 양념 소스를 들여와 종로 무교동에서 '켄터키하우스'라는 상호명으로 영

프라이드치킨과 양념치킨
ⓒ 한국농수산식품유통공사, 공공누리

업을 시작했다. KFC 치킨은 단순히 음식의 역할만 한 게 아니다. 일제 강점기와 전쟁의 폐허에서 벗어나 급속도로 경제 성장을 이룩한 한국의 풍요롭고 자유로운 아메리칸드림 실현을 상징하는 소비재였던 것이다. 동시에 KFC 치킨의 국내 입성은 대한민국 문화의 변화를 알려주는 표시등이기도 했다. 권위적인 전통 문화와 일본 문화에 젖어 있던 기성세대에서 자유분방한 미국 문화의 영향을 받은 새로운 세대로 한국 사회의 중심축이 넘어간다는 의미였다. 이런 배경이 깔린 치킨 혁명은 종로에서부터 전국으로 퍼져나갔다.

1980년대 중반, 한국에서는 전 세계를 호령하는 KFC의 권위에 반기를 드는 또다른 치킨 혁명이 일어난다. KFC 치킨에 비해 튀김옷에 기름이 덜하고 얇고 바삭해진 프라이드치킨, 그리고 여기에 다양한 한국식 양념 소스를 버무린 양념치킨이 출시된 것이다. 1985년 대구에서 윤종계씨가 한국인의 입맛에 맞춰 켄터키프라이드치킨의 느끼함을 잡아주고 감칠맛과 알싸한 맛을 내는 양념치킨을 처음 개발해내자 새로운 치킨 붐이 전국적으로 일어났다.

1960년대부터 떡볶이와 낙지볶음 같은 맵고 달고 짠 음식이 유행했고 1980년대 중반부터 청양고추가 생산되면서 양념치킨이 탄생할 수 있었다. 그간 한국인이 자극적인 맛에 익숙해진 이유도 있겠지만, 1980년대 중반까지 압축적 고도 성장을 거쳐 중진국 대열의 경제 궤도에 오른 국가적 자신감의 또다른 표현이기도 했다. 미국에 대한 환상과 호기심이 반감되어 느끼하고 진한 미국 맛 KFC 치킨을 먹느라 더이상 인내심을 발휘할 필요가 없어진 것이다. 양념치킨을 위시한 한국식 치킨은 미국에서 들어온 치킨을 한국인의 정서와 입맛에 맞게 현지화한 대표적인 성공 사례라고 할 수 있다. 한국식 치킨은 1990년대부터 해외에서 주목하기 시작한 K-컬처의 탄생을 예고하는 신호탄이기도 하다. KFC의 'K'는 이제 켄터키의 K가 아닌 코리아KOREA의 K일지도 모른다.

치킨의 성지, 대학로

치킨은 처음 등장했을 때부터 지금까지 즐겁고 기쁜 일이 있는 곳, 사람들이 모이는 곳, 젊고 활기찬 곳에 늘 함께해왔다. 치킨은 주로 사람, 경사, 장소, 활기를 패키지로 우르르 몰고 다닌다. 그래서 서울 대학로는 치킨과 인연이 아주 각별하다.

조선시대에는 이 근방을 한양의 동북쪽이라 동촌으로 불렀다. 최고 교육 기관인 성균관이 자리잡은 곳이기도 했다. 이 일대는 임진왜란 이후 한적한 도성 외곽 지역이었지만 일제강점기였던 1920년대와 1930년대에 대대적으로 개발이 이루어지면서 당시 가장 트렌디한 문화 지역으로 변모했다. 경성시대 이곳에 병원과 학교, 공공 기관이 집중되어 있었으며 일본 문화와 서양 문화가 혼재했다. 이에 근대적인

 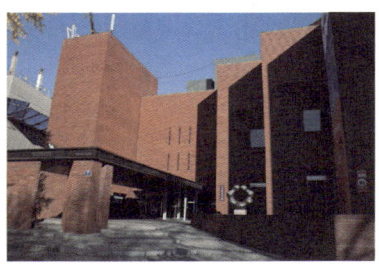

1971년 대학로 서울대 정문 앞 마로니에공원의 아르코예술극장 전경,
ⓒ 셀수스협동조합, 공유마당 대한민국역사박물관 소장

면모를 가장 잘 재현한 대표 명소로 인식해 지방에서 관광단을 꾸려 이 일대를 구경하러 올 정도였다고 한다.

무엇보다도 이곳은 근대식 학교가 밀집된 학교촌이었는데 그래서 나중에 '대학로'라는 지명이 생기게 되었다. 그러다 경성제대를 전신으로 하는 서울대 문리대가 1975년 관악캠퍼스로 이전하면서 '대학 없는 대학로'로 변모하게 된다. 서울대 문리대 학생들이나 교직원 외 인근 상인들도 이사를 떠난 뒤, 이 부지의 활용을 놓고 다양한 안이 오갔다. 여러 논의 끝에 샘터사 창업자 김재순 전 국회의장, 건축가 김수근 등이 이 부지를 구매하고 여기에 문예회관을 세우면서 자연스럽게 종로에서 흩어져 활동하던 극단이나 공연예술 종사자들이 대학로로 중심지를 옮겼다. 한국 문화 예술의 새로운 전기가 마련된 것이다. 이로써 대학로는 오롯이 지성과 청춘, 낭만과 문화 예술을 위한 공간으로 자리잡았고, 오늘날에는 이 모두를 소비하는 종합 공간으로 거듭나고 있다. 치킨도 대학로의 서사에 동참했다.

1970년대 중반 켄터키프라이드치킨이 한국에 들어와 치킨이 크게 유행하자, 서울 시내 대학가를 중심으로 가짜 켄터키프라이드치킨집이 폭발적으로 늘어났다. 대학가 경양식과 일반 유흥업소에서도 너나없이 기름에 튀긴 닭을 켄터키치킨이라고 메뉴판에 써놓고 팔았다. 맛도 맛이었겠지만 닭을 조각으로 판매해 대학생들이 가진 돈만큼만 사 먹을 수 있었기에 대학가에서 치킨은 인기였다.

림스치킨 창업주 유석호씨도 미국에서 유학하다가 KFC를 접하고 프라이드치킨집 창업을 결심했다. 1977년 귀국해서 중구 소공로 신세계백화점 지하 1층에 켄터키프라이드치킨이라는 상호로 치킨집을 열었다. '림스치킨'이라는 고유 상호는 KFC가 국내에 공식 입점할 즈음부터 사용했다. 림스치킨은 개점하자마자 큰 인기를 끌었고, 분점을 내게 해달라는 주변 지인들의 요청이 쇄도했다고 한다. 림스치킨은 개점한 해부터 국내 최초로 한국형 프랜차이즈 방식으로 분점을 내면서 빠르게 세를 확장했다. 수요가 빗발치는 대학생 소비층을 타깃으로 개점 첫해부터 발빠르게 대학로에 분점을 냈고, 그 혜화점은 2018년 치킨 노포로는 유일하게 서울미래유산에 등록되었다. 이후 수많은 국내 치킨 브랜드와 치킨 노포가 연이어 생겨났는데, 예외없이 대학로에 자리를 잡았었다. 그야말로 치킨집이 한 집 걸러 하나씩 생겨나는 모

서울미래유산으로 지정된
대학로 림스치킨 ⓒ 정유선

대학로 KFC ⓒ 정유선

고기류

양새였다.

 1984년 종로에 첫 정식 매장을 낸 KFC 역시 같은 해에 대학로에 분점을 냈다. 그후 수십 년간 대학로의 랜드마크이자 대표적인 만남의 장소 역할을 해오고 있다. 한국에 KFC 치킨이 처음 들어왔을 때, 한국 소비자들은 일부러 서울 시내 중심에 위치한 KFC 매장까지 찾아가서는 그 기름 많고 향 강하고 튀김옷도 두꺼운 치킨이 세계 최고의 맛인 줄 알고 먹었다. 기름진 맛의 세례를 받고 미국적인 분위기에 흠뻑 빠져들거나 미국 사람이 된 듯한 우월감을 만끽하면서 말이다.

 그러다 언젠가부터 동네에서 손쉽게 접할 수 있고 느끼하지 않으면서도 한국인의 입맛에 잘 맞는 한국식 치킨으로 눈을 돌리기 시작했다. KFC는 2022년 1월 2일, 1호점이라는 상징성을 지녔던 종로점마저도 폐점했다. 이곳에서 쌓은 추억을 간직하고 있던 이들은 무척 아쉬웠으리라. 그럼에도 KFC 대학로점은 여전히 건재하고 있다. 왜 그럴까? 치킨이 대학로를 만났기 때문이다. 대학로의 모든 입지는 치킨의 상징적 소비재로 작동했고, 치킨은 대학로라는 장소와 결합하면서 젊은 소비자의 호응과 자부심을 끌어내는 음식으로 남았다.

치맥의 축제성

 1986년 11월 5일 대학로에, 공교롭게도 국내 최초의 호프집 프랜차이즈 OB호프가 오픈한다. 1980년 11월에 개업한 '서서 마시는 생맥줏집 OB베어'가 1년도 채 못 돼 실패했지만 OB는 이 쓰라린 경험을 바탕으로 다각도로 철저한 보완을 거쳐 전문 호프집을 개점했다. 전략은 적중했고 엄청난 인기를 끌어 2년 만에 서울에 삼백여 개의 체인점이 생기면서 호프라는 말이 널리 퍼졌다. 우연인지 필연인지 모르겠으나, 아무튼 대학로라는 장소가 지닌 특성에 대해 다시 한번 생각하게 하는 일화다. 소위 7080세대는 청바지, 통기타, 생맥주로 상징되는 청년 문화와 함께했으니, 지성과 젊음의 거리 대학로에 전문 호프집이 제일 먼저 생긴 건 전혀 이상한 일이 아니다. 이 시기 대학생들은 대부분 미국식 교육제도하에 교육받았고 미국 문화의 영향을 받으며 성장했다. 대학생이 된 뒤에는 1960년대 이후 군사정권의 주도 아래 이룬 경제적 고도성장을 배경으로 가정교사나 아르바이트 자리를 구해 구매력을 갖춘 소비계층으로 거듭났다. 그렇게 기존에 없었던 이들 집단만이 갖는 소비문화가 만들어졌다.

맥주는 88올림픽 이후 지금까지 쭉 한국인에게 가장 사랑받는 술로 꼽히지만, 1970년대까지만 해도 아무나 마실 수 없는 귀한 술이었다. 이 술은 기름진 치킨과 찰떡궁합을 이룬다. 차가운 맥주가 담긴 투명한 잔에 송글송글 맺힌 물방울, 맥주를 딸 때 넘치는 하얀 거품 이런 요소가 일단 시각적인 즐거움을 안겨준다. 하얀 거품이 바닥에 떨어질까봐 서둘러 한 모금 마시면 입안에 들어오는 탄산과 청량감에 탄

치맥 ⓒ 임혜지

성이 절로 나오며 모임의 분위기가 한껏 오른다. 게다가 치킨의 느끼함과 열기도 기분좋게 싹 쓸어준다. 맥주가 대중화가 되면서, 맥주를 중심으로 여러 안주와 함께 치킨을 파는 전문 호프집도 대학로에 하나둘 늘어갔다. 치맥의 대중화와 확산의 주요 근거지가 대학로였다고 해도 과언이 아니다. 그렇게 치맥은 젊음과 문화 예술을 집중적으로 소비하는 대학로 상권 흥행에 중요한 메뉴로 확고하게 자리잡았다.

 치킨과 맥주의 조합은 2002년 월드컵 개최와 함께 스포츠 레저 활동 붐이 일면서 인기가 하늘 높은 줄 모르고 연달아 최고치를 찍었다. 그후론 각종 스포츠 관람과 크고 작은 모임처럼 사람들이 모이는 곳에서는 없어선 안 될 필수요건이 되었다. 치킨과 맥주는 언젠가부터 한몸처럼 치맥이라고 불리고 있다. 그만큼 치킨과 맥주의 조합이 우리 사회에서 모두 모여 함께 먹고 마시며 희로애락을 나누는 문화로 자리잡았음을 의미한다. 치맥 문화는 이제 세계적으로도 널리 퍼져, 2012년에는 영국 옥스퍼드 영어사전에 '치맥chimaek'이 버젓이 등재될 정도다.

치킨에는 없는 두 가지

　치킨은 '원조'에 목매지 않는다. 치킨집 노포 간판이나 배달 음식 리스트에 나열되어 있는 치킨집 상호를 보면, 원조니 전통이니 하는 수식어는 좀처럼 찾기 힘들다. 오히려 매번 새로운 맛의 치킨 메뉴가 추가되어 있다. 원조보다는 시대의 트렌드를 좇는 음식인 것이다. 그래도 수시로 새롭게 날아오는 치킨 프랜차이즈 회사의 메뉴판을 훑어보다보면 변함없이 자리를 지키는 메뉴 하나가 있다. 하나같이 현란하고 다채롭게 배치된 신메뉴와 베스트셀러 메뉴 한참 뒤에 까만 글씨로 자그맣게 '오리지날 프라이드치킨'이라고만 적힌 메뉴 말이다. 누가, 언제, 어디서, 왜 만들었느냐보다는 '무엇'을 만들었느냐에 초점이 맞춰져 있는 치킨이지만 그래도 원조의 맛처럼 오리지널 메뉴는 남아 있다. 새로운 맛을 더 매력적으로 느끼더라도 말이다.

　거기에 하나 더. 치킨은 노인을 우대하지 않는다. 한때 한국 대학생은 치킨만 주면 뭐든 다한다는 우스갯소리가 있었다. 그만큼 젊음의 이미지를 지닌 음식이다. 하지만 치킨의 탄생에 환호하던 그때의 청춘들은 슬슬 건강을 걱정해야 하는 시기가 됐다. 어쩔 수 없이 치킨 조각을 집을지 말지 망설이는 나이가 됐다. 한 시대의 청춘이 저물고 치킨의 성지였던 대학로도 예전 같지 않다. 그렇지만 새로운 지역, 새로운 세대가 치킨과 함께하고 있다. 치킨은 피 끓는 수많은 청춘의 사랑을 듬뿍 들이켜면서 지금도 변신에 변신을 거듭한다. 그리고 유행을

고기류

선도하는 곳, 즐겁고 활기찬 곳이라면 어디든 단짝 파트너 맥주와 함께 나타나 젊음을 불사른다. 아니, 이제는 아예 국경과 인종을 넘어 세계인의 입맛을 연결해주는 대표적인 K-푸드로 손꼽히며 문화 대사 역할을 톡톡히 하고 있다. 언제 어디서나 즐거운 청춘의 맛 치킨의 길이 어디까지 뻗어갈지 자못 궁금해진다.

정유선 ◆ 상명대학교 계당교양교육원 교수

상명여자대학교 중어중문학과를 졸업하고, 성균관대학교 중어중문학과에서 석사학위를, 중국 베이징사범대학교 중문과에서 박사학위를 받았다. 동양고전을 기반으로 하는 문화비교 연구와 고전 다시 쓰기 작업을 하고 있다. 저서로 『중국 설창예술의 이해』 『중국 경극 검보의 이해』 『중국 지역문화 연구』(공저) 등이 있고, 역서로 『열자』 『조씨 고아』 『사치의 제국』(공역) 『송원화본』(공역) 『장물지』(공역) 『중국경극의상』(공역) 등이 있다.

안주류

맵부심의 원조

낙지볶음

스트레스를 받거나 입맛 없는 날, '맛있게 매운' 음식이 당길 때면 무교동 낙지볶음이 떠오른다. 흰쌀밥에 새빨간 낙지볶음을 넣고 적당히 아삭한 콩나물과 김을 잘 섞어 비비는 동안 이미 군침이 가득 고인다. 낙지라는 게 잘못 볶으면 질겨지거나 물이 흥건해지기 십상이지만, 무교동 낙지볶음은 부드럽고 탱탱하니 큼지막한 낙지에 특유의 매운 양념이 잘 배어 있어 감칠맛이 난다. 알싸한 매운맛이 입안에 가득 감돌 때쯤엔 이미 밥 한 그릇이 뚝딱 비워져 있다. 여기에 조개탕을 곁들이면 매운맛이 살짝 중화된다. 그래도 아직 맵다면 단무지를 한입 베어 먹어보자. 단맛이 입안에 퍼지면서 궁극의 조화로운 맛을 느끼게 된다.

무교동 낙지볶음 ⓒ 유수민
파를 약간 넣고 새빨간 양념으로 볶아낸 무교동식 낙지볶음.
사진 속 낙지볶음은 1966년 무교동에서 개업했다가
현재는 성공회 성당 맞은편으로 옮겨간 무교동유정낙지의 것이다.

낙지, 원기 회복과 보양에 제격

매운맛을 즐기러 왔지만 스태미나도 챙길 수 있다. '한여름에 논 갈다 지치고 마른 소에게 낙지 네댓 마리를 먹이면 기운을 차린다'(『자산어보茲山魚譜』)고 하지 않던가. 중국에서도 옛날부터 낙지는 '피를 맑게 해주고 원기를 보충해주는'(『본초강목本草綱目』) 식재료로 알려져 있다.

매운맛에 정신이 번쩍 드는데 기력까지 보충해준다니 특히 공부에 지친 수험생에게 보양식으로 낙지볶음만한 게 없는 듯하다. 하지만 이덕무는 『청장관전서青莊館全書』에서 과거시험을 앞둔 선비라면 낙지는 반드시 피했다고 전한다. 낙지의 속명인 낙제絡蹄가 과거시험에 낙방한다는 뜻의 낙제落第와 발음이 비슷했기 때문이다.

동북아 지역 해안에서 서식하는 낙지는 '성性이 평平하고 맛이 달며 독이 없어'(『동의보감東醫寶鑑』) 귀한 식재료로 오랜 시간 꾸준히 사랑받아왔다. 조선 왕실에서 매해 음력 2월에 낙지를 진상받아 종묘사직의 제수 품목으로 활용했던 것만 봐도 짐작이 간다. 중국에서도 낙지를 일찍부터 즐겼는데, 당나라 유순은 『영표녹이嶺表錄異』에서 장거章擧는 민월閩粵(지금의 푸젠과 광둥) 지역에서 맛좋은 게 많이 잡히고, 해파리 같은 맛이 나며 생강과 식초를 곁들여 먹는다고 소개했다. 또 석구石矩 (석거라고도 함)는 소금을 쳐서 뜨거운 기름에 볶아 먹으면 아주 맛있다고 적어놓았다. 이익은 『성호사설星湖僿説』에서 이 장거와 석구가 우리나라의 문어와 낙지와 같은 것이라 소개하면서 중국에서도 이를 진귀하게 여긴다고 기록해두었다.

문어는 다리가 여덟 개이므로 팔초어八稍魚라고 불렀는데, 문어과에 속하는 낙지는 문어와 비슷하면서도 더 작았기 때문에 소팔초어小八稍魚라 했다. 그런데 우리나 중국과 달리 서양에서는 뿌리깊은 기독교세계관의 영향으로 문어과의 생물을 기피해왔다. 그래서일까, 영화〈올

드보이〉에서 최민식 배우가 꿈틀거리는 산낙지를 통째로 먹는 장면은 서양인들에게 꽤나 충격적으로 다가간 것 같다. 그럼에도 한국에 오는 서양인이라면 꼭 먹어봐야 할 음식이 바로 낙지 요리이고, 그중에서도 그나마 도전해볼 만한 것이 한국의 '맵부심'을 보여주는 무교동 낙지볶음이 아닐까.

무교동·다동의 기원과 유래

이제 장소 얘기를 해보자. 서울 한복판에 있는 무교동이 바닷가도 아닌데 어떻게 낙지 요리의 대명사가 됐을까. 낙지라면 목포나 영암, 해남 등 남쪽 바닷가 현지에서 먹어야 제맛일 것 같은데 말이다. 무교동은 대체 어떤 곳일까? 사실 무교동은 낙지만 유명한 게 아니다. 낙지볶음집 외에 다른 노포 식당도 이 근방에 많다는 사실이 예사롭지 않다.

무교동 일대는 조선시대에 과일을 팔던 모전毛廛과 무기의 제조·관리를 담당하던 군기시軍器寺가 자리했던 곳이다. 모전을 중심으로 웃모전다리와 아래모전다리가 있었는데, 웃모전다리는 모전교毛廛橋 또는 모교毛橋라 불렀고 아래모전다리는 군기시교軍器寺橋 또는 무교武橋라 불렀다. 현재 무교라는 다리는 없어졌지만 '무교동武橋洞'이라는 명칭으로 그 흔적이 남아 있다. 무교동 사거리와 서린동을 연결하는 청계천 다리가 2003년 복원되면서 모전교라는 이름은 다시 소환됐다.

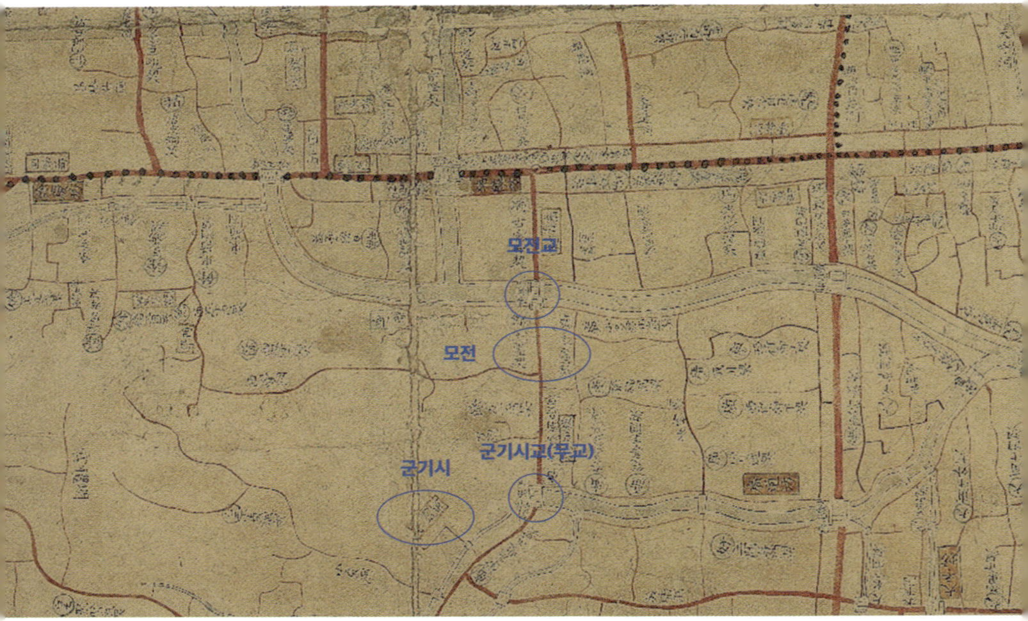

안주류

〈도성대지도都城大地圖〉 일부. 서울역사박물관 소장.
18세기 옛 서울을 자세히 그린 〈도성대지도〉에서 현재 무교동의 유래라 할 수 있는 군기시, 무교, 모전, 모전교의 위치를 확인할 수 있다.

무교동은 통상 바로 옆 다동茶洞과 함께 거론되는데, 다동이란 이름은 조선시대 궁중의 음식을 주관하던 관청 사옹원司饔院 소속의 다방茶房이 있었던 데서 유래했다. 일제강점기엔 '다옥정茶屋町'으로 불리다가 1946년 10월 1일 우리말로 바꾸면서 '다동'으로 개칭되었는데, 본래 우리말로는 '다방골'이라 불렸다. 다방은 이조吏曹 관할로 궁중의 다례茶禮를 담당하는 부서였다. 다방은 다례의 거행뿐 아니라 차와 술, 과일, 채소, 약재 등의 관리와 차의 공급과 외국 사신의 접대도 맡았다.

다방에는 차를 달이고 시중을 드는 관비官婢인 다모茶母가 있었는데, 이들이 주로 다동에 기거했다. 다모는 본래 의녀醫女에서 출발했다. 의녀가 되려면 일정한 교육을 받고 매달 시험을 쳐야 했는데 세 번 이상 떨어지면 다모가 되었다. 조선 전기에 의녀는 왕과 왕비를 치료하거나 의원을 보조하는 일을 했지만, 그 외 부녀자 관련 사건 수사, 사대부 부녀자 호송 같은 업무에도 차출되었다. 그러다 조선 중기 이후부터 의녀보다 다모가 이러한 일을 도맡았고 업무 범위도 점차 확대되었다.

반면 의녀는 조선 중후기로 가면서 점차 잔치에 동원되어 노래하고 춤추는 기녀의 역할을 수행했다. 유득공은 『경도잡지京都雜志』에서 18세기 후반 경기京妓에 대해 의녀와 침선비針線婢를 지방에서 뽑아 서울 관아에 소속시킨 기녀라 설명한다. 조선 후기 지방에서 뽑혀온 기녀들도 주로 이곳 다동에 거주했고, 1908년 관기 제도가 폐지돼 시정市

#으로 진출한 후에도 다수가 다동에서 계속 살았기에 '다옥정 기생'이라는 별칭까지 생겨났다.

무교동 유흥가 및 낙지 골목의 형성

이처럼 상인, 무관, 다모, 기녀 등이 모여든 무교동·다동 일대는 일찍부터 온갖 물산과 다양한 음식집이 자연스레 밀집될 수밖에 없었다. 조선 제24대 왕 헌종이 몰래 궁을 나와 당시 유명 국밥집인 무교탕반을 찾았다는 이야기도 이러한 배경에서 생겨났다.

무교동에 본격적으로 먹자골목이 형성된 것은 1960년대에 이르러서다. 한국전쟁이 끝나고 대한민국이 재건되면서 산업화 및 도시화가 급격히 이뤄졌다. 종로 청계천 일대에는 각종 관공서와 언론사 및 회사가 줄지어 들어섰고, 자연스럽게 직장인을 겨냥한 음식점이 하나둘 생겨났다. 주점, 살롱, 나이트클럽 등의 유흥업소 역시 잇따라 들어서면서 무교동 일대는 서울의 대표적인 먹자골목 겸 유흥가로 변해갔다.

청계천이 1937년에 이미 복개된 상태였기에 유흥가의 범위는 무교동으로만 국한되지 않고 다동, 서린동까지 포함되었다. 무교동과 다동 쪽은 '오비 비어 캬라반' '월드컵' 등의 업소가, 서린동 쪽은 '럭키 싸롱' '스타더스트 호텔' 같은 나이트클럽 등이 네온사인을 밝혔다. 값싼 선술집도 많았기에 돈은 없지만 유흥을 즐기고픈 십대들도 이 골목을 자주 드나들었다. 이 때문에 1974년엔 미성년 출입 제한 지역으로 설정되기도 했다. 1980~90년대에 막 개발되기 시작한 강남 지역으로 다수의 음식점과 주점, 나이트클럽이 이전해가기 전까지 무교동 일대는 서울의 대표적인 환락가로 자리잡았다.

또한 무교동은 예술인의 낭만과 감성을 분출하는 곳이기도 했다. 1960년대에 청년 시절을 보낸 이라면 '쎄시봉'을 기억할 것이다. 스타더스트 호텔 뒷문 쪽에 위치하고 있던 음악감상실 쎄시봉은 당시 유명한 가수들을 배출했는데, 이 이야기를 바탕으로 2015년 영화 〈쎄시봉〉이 제작됐다. 김수영과 깊이 교류했던 모더니즘 시인 박태진은 「무교동」(1964. 10. 『신동아 2』)이라는 시에서 일상의 삶을 살아가는 가운데 느끼게 되는 존재의 불안과 불확정성을 노래하기도 했다.

무교동 낙지 골목은 이러한 분위기와 궤를 같이하여 자연스레 생겨났다. 옛 무교가 있던 곳에서 조금 떨어진, 현 무교로에서도 종로 대로변 부근의 골목이 시작이었다. 조선시대에는 평민들이 이곳으로 많이 다녀 평민을 대상으로 하는 주점 등이 생겼던 곳이다. 1950년대 후반까지 이 근처 먹자골목엔 찌개, 빈대떡 등 다양한 막걸리 안주를 값싸게 파는 허름한 선술집들이 들어서 있었다. 그러다가 '태화옥'이라는 낙지집이 처음 문을 열어 번창하면서 전주집, 미정집, 실비집 등 낙지집이 잇따라 생겨났다. 실비집 주인 이용경씨의 인터뷰에 따르면 1964년 개업했을 당시에는 낙지집이 네 개뿐이었으며 그나마 드럼통을 세워놓은 선술집이었다고 한다.

1970년대에 이르러 지금의 SK서린빌딩 자리를 중심으로 낙지 골목이 형성되고 수십 개의 낙지집이 빼곡하게 들어찼다. 1973년 호남고속도로가 개통되어 싱싱한 실낙지를 신속하게 대량 공급할 수 있게 된 것도 서울 한복판 낙지 골목의 번성에 한몫했다. 발이 가늘수록 더 쳐주는 실낙지는 서해안 남단인 신안, 영암, 해남의 다도해 개펄에서 잡혀 목포로 집산된 후 서울로 직송되었다. 서해안의 실낙지잡이 마을들은 낙지의 인기 덕분에 금세 부촌이 되었다.

1900년대 초까지만 해도 낙지는 대개 살짝 데쳐 숙회로 먹거나 탕을 끓여먹었다. 그렇다고 다른 조리법이 아예 없었던 건 아니다. 숙종조의 기록을 담은 『기해진연의궤己亥進宴儀軌』에 따르면 여타 재료와 낙지를 함께 대꽂이에 꿴 후 달걀을 입혀 부쳐낸 '낙제어음적絡蹄於音炙'이라는 음식이 있었다. 정조의 화성 행차 기록을 담은 『원행을묘정리의궤園幸乙卯整理儀軌』에는 낙지 구이나 낙지를 볶아낸 '낙제초絡蹄炒'라는 음식도 진상되었다고 나온다. 고종의 연회를 기록한 『진연의궤進宴儀軌』에는 생합과 낙지를 함께 전으로 부쳐낸 '생합낙제전유화生蛤絡蹄煎油花'라는 음식도 보인다. 궁중에선 낙지를 굽거나 볶는 조리법이 꽤 활용되었던 것이다. 하지만 이때만 해도 고춧가루를 넣지는 않았다. 새빨간 고춧가루를 넣어 볶아낸 조리법은 바로 1960년대 무교동에서 시작되었다.

무교동 낙지볶음이 처음 등장했을 때만 해도 김장할 때 쓰는 굵은 고춧가루로 볶다보니 낙지와 양념이 따로 놀았다고 한다. 하지만 1966년 개업한 유정낙지는 고춧가루를 가늘게 갈고 양념에 전분도 섞어서 낙지를 볶았다. 이렇게 만든 양념은 낙지에 착 달라붙어 탱글한 식감에 맛을 더했다.

무교동 낙지볶음의 감칠맛 나는 매운맛을 한번 맛본 사람들은 곧 단골이 되었다. 저렴한 비용으로 조개탕까지 곁들이며 주흥을 돋울 수 있었기에 애주가들의 발길이 잦았다. 퇴근 시간이 되어 주변 관공서와 언론사 및 회사에서 쏟아져 나온 직장인들은 삼삼오오 낙지 골목을 찾아 매운 낙지볶음 한 접시를 앞에 두고 대포도 한잔하면서 하루의 고단함을 덜어냈다. 낙지집에서 한 잔 두 잔 걸치며 달아오른 기분이 잦아들지 않을 때면, 밤늦게까지 네온사인을 밝히던 근처 유흥가의 주점이나 나이트클럽으로 발길이 향하기도 했다.

1976년 무교로 확장공사 및 연이은 서울시 도심재개발 사업으로 무교동, 다동, 서린동 일대의 낡은 건물은 하나둘씩 헐려나갔다. 그렇게 직장인들의 애환이 담긴 무교동 낙지 골목은 차츰 사람들의 기억 저편으로 사라졌다. 현재는 실비집, 서린낙지, 유정낙지 등 몇 집만이 점포를 옮겨 예전 낙지 골목의 전통을 이어가고 있다. 하지만 여전히 무교동은 매운 낙지볶음의 대명사로 불린다.

안주류

1975년의 무교동 낙지 골목. 조선일보 1975. 12. 28. 기사 사진.
실비집을 비롯한 원조 낙지집이 즐비했던 무교동 낙지 골목의 1975년 12월 풍경.
이듬해 무교로 확장공사를 앞두고 있어 다소 황량한 모습이다.

'맵부심', 스트레스와 엔도르핀 사이에서

흔히 K-푸드 하면 매운맛을 떠올린다. 김치, 비빔밥, 떡볶이, 라면 등이 대표적이다. 젊은층 사이에서는 라면 중에서도 가장 맵다는 불닭볶음면이 인기다. 하지만 의외로 우리의 매운맛 역사는 그리 길지 않다. 매운맛을 내는 고춧가루는 유구한 전통을 가진 양념처럼 느껴지지만, 사실 고추는 임진왜란 때에야 일본에서 들어와 18세기 중엽부터 조선 사회에 퍼졌다. 우리가 현재 매운맛을 낼 때 통상 사용하는 청양고추 역시 알고 보면 1983년에 제주산 고추와 태국산 고추를 잡종교배해서 만들어낸 품종이다.

한국 음식이 본격적으로 매워진 것은 대략 1950년대 즈음이다. 1953년에는 고추장을 사용한 신당동 떡볶이가 등장했고, 1960년대에 무교동 낙지볶음, 경기 연천의 망향 비빔국수, 대구의 매운 갈비찜 등이 그 뒤를 이었다. 매운 음식을 먹으면 이에 따른 통각을 줄여주는 엔도르핀이 몸에서 생성되는데, 통증을 억제하는 마약성 진통제인 모르핀보다 100배나 강한 호르몬이다. 그래서 매운 음식을 먹으면 일시적으로 기분이 좋아지는 것이다. 1950년대엔 한국전쟁, 그리고 절대적 빈곤과 기아의 스트레스가 매운맛을 찾게 했을 것이다. 고도성장 및 압축성장이 진행되던 1960~80년대엔 낯선 도시 생활에 빠르게 적응하는 과정에서 고립감과 불안감에 시달린 사람들이 더 자극적인 매운맛을 찾았을 테고. 무교동 낙지볶음의 '맵부심'에는 어쩌면 대한민국의 급격한 산업화 및 도시화의 그늘이 드리워져 있는지도 모른다.

유수민 ◆ 성균관대학교 중어중문학과 조교수

이화여자대학교에서 국어국문학과 중어중문학을 복수전공하고 동대학원 중어중문학과에서 석사학위를, 중국 푸단대학교에서 박사학위를 받았다. 중국 고전서사와 한중비교문학에 대해 연구하고 있으며 디지털스토리텔링 분야에도 관심이 많다. 주요 논문으로 「조선 후기 한글소설 「황부인전」의 재창작 양상 소고—『삼국연의』 및 중국 서사전통과의 비교를 중심으로」 「'현대의 신화' 창조—중국 애니메이션 〈나타지마동강세〉의 나타 캐릭터 스토리텔링에 대한 고찰」 등이 있고, 저역서로는 『중화명승』(공저), 『지낭』(공역)이 있다.

돈 있어도 부쳐 먹는 K-푸드

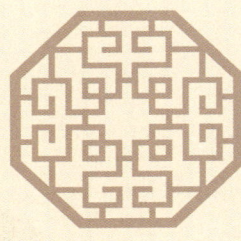

빈대떡

안주류

비가 내리면 사람들은 '빈대떡'을 찾는다. 비 오는 날 서울 종로구에 위치한 광장시장에 가면 입구에서부터 빈대떡을 지지는 기름 향기가 코를 찌른다. 뱃속도 빈대떡 맞을 준비에 한창이다. 기름에 빈대떡 부치는 소리가 마치 빗소리처럼 들려, 우산을 접고 시장 골목으로 들어서도 빗소리가 멈추지 않는다. 삼삼오오 모여 앉은 사람들이 막걸리를 서로 따라주며 말소리가 뒤

광장시장 빈대떡 ⓒ 권운영

섞인다. 이모님들이 먹기 좋게 잘라준 빈대떡이 앞에 놓이면 기름이 반지르르 흐르는 빈대떡의 표면과 바삭하게 익힌 가장자리에 시선을 고정하고 침을 꼴깍 삼킨다. 광장시장은 언제나 K-푸드를 맛보러 온 외국인 관광객으로 붐빈다. 그중에서 가장 사랑받는 음식은 단연코 빈대떡일 것이다. 가격도 저렴하고 맛도 매력적인 빈대떡이 산처럼 쌓여 있는 모습을 외국인들은 신기하게 바라본다.

귀빈의 후식에서 빈자의 음식으로

빈자법, 병자, 녹두병, 빈자병, 빈자떡 등은 모두 빈대떡을 가리키는 고유명사로 그 유래도 다양하나, 대체로 조선시대 사료에서부터 등장한다. 유래 역시 빈대떡의 명칭부터 조리법까지 다양하다.

원래 빈대떡은 귀한 손님을 대접賓待하던 음식이었다. 17세기 조선에서 명대明代 사신을 접대할 때 내놓은 음식을 정리한『영접도감의궤迎接都監儀軌』에 병자餠煮라는 음식이 기록되어 있는데, 이는 녹두를 갈아 참기름에 지져낸 것으로 녹두병綠豆餠이라고도 했다. 영접도감은 조선시대 중국 사신을 접대하던 임시 관서로, 주로 사신 접대에 필요한 물품의 제조, 연회와 행사를 담당하던 곳이다. 의궤는 조선시대 왕실에서 거행했던 공식 의례와 각종 행사에 대한 기록이다. 당시『영접도감의궤』에 기록된 것으로 볼 때 빈대떡은 조선시대 왕실에서 사신

안주류

을 접대할 때 낸 귀한 음식이었던 듯하다.

손님을 대접하면서 내던 이 음식은 20세기에 들어서면서 가난한 자貧者의 주린 배를 채워주는 음식이라는 뜻으로 빈자떡이라고 불렸다. 특히 서울 정동을 빈대가 많다고 하여 빈대골이라 부르던 시대가 있었는데, 이곳에 빈자떡 장수가 많았기에 빈대떡이 되었다고도 한다. 20세기의 대한민국은 심한 기근을 겪고 경제적으로도 가난해서 먹을 것이 매우 귀했다. 제삿상에 올리거나 손님들에게 대접하던 작고 예쁜 음식 같은 건 바랄 수 없었고, 배를 채울 수 있는 두껍고 기름진 음식이 필요했다. '돈 없으면 대폿집이나 집에서 빈대떡을 부쳐 먹던 풍토'는 20세기 들어서 정착되었다.

빈대떡의 유래를 '빈자떡'으로만 알고 있는 사람이 많은데, 일리는 있지만 '빈자떡'은 여러 설 중 한 가지에 불과한 것으로 보인다. 빈대떡 조리법의 유래도 여러 가지로 확인 가능하기 때문이다.

떡, 전병, 화병, 그리고 제례음식까지

17세기에 정부인 안동 장씨가 쓴 조리서 『음식디미방』에서는 후식류 떡 부분에서 '빈자법'을 소개했다. 『음식디미방』이 당시 종갓집의 음식 조리법을 딸들에게 물려주기 위해 쓴 책임을 감안하면 제례 등에 활용했던 귀한 음식 중 하나라는 것을 알 수 있다. 그후 19세기 가

정생활백과인 『규합총서閨閤叢書』에서는 녹두전병綠豆煎餅으로 등장하니 기름에 지져서 먹는 전병류로 볼 수 있다. 이때까지만 해도 빈대떡에 꽃 장식을 하는 등 빈대떡은 후식으로 먹는 떡, 전병으로 요리하던 음식으로 통용되었다.

그리고 지금, 21세기의 빈대떡은 조선시대 때 그랬듯이 우리나라를 찾은 귀한 손님인 외국인 관광객에게 사랑받는 K-푸드가 되었다. 무엇보다도 이제는 '돈이 있어도 부쳐 먹고 사 먹고 싶은 K-푸드의 대표적 음식'으로 빈대떡이 자리매김하고 있음을 주목할 필요가 있다.

북에서 남으로, 정동에서 종로까지

빈대떡은 처음부터 광장시장에서 시작된 것은 아니다. 원래 평안도에서 시작된 것이 점차 아래로 내려와서 우리나라 전역에 자리잡았다. 빈자들이 모였던 정동을 지나 서민들이 모여 살던 종로 피맛골을 거쳐 포목점 등이 즐비했던 종로 재래시장 광장시장에 와서 종로의 대표적인 전통문화 음식이자 서민들의 음식으로 정착한 것이다. 물론 조선시대에는 차례상이나 제사상에 음식의 받침으로 빈대떡을 활용하기도 했지만, 지금 우리가 즐겨 먹는 빈대떡이 평안도에서 온 음식이라는 사실은 채만식의 희곡 『인테리와 빈대떡』에서 확인할 수 있다.

안주류

친구: 원은 이게 평안도 음식이었다?

종식: 그렇지…… 지지미라구.

친구: 우리 동리서두 이걸 부쳐 팔기는 하는데 이렇게 도야지고기 넌 것은 없어…… 그냥 녹두가루에다가 우거지나 파만 섞어 가지고 맷방석만썩하게 부쳐놓지.

종식: 도야지고기 넣는 게 본식이지.

북쪽 지방인 평안도에서는 '돼지고기'가 들어간 빈대떡을 먹었는데 20세기 서울에서 이 평안도식 돼지고기 빈대떡이 인기였던 모양이다. 함경도나 평안도식 빈대떡은 고기부터 채소까지 다양한 재료를 넣어서 먹었고, 안동 등 남쪽 지방에서는 잣이나 꽃 등을 얹어 제사나 다과에 내놓는 귀한 음식으로 조그맣고 예쁘게 부쳐 먹었다.

빈대떡은 맛도 좋았지만 사실은 배고픔을 달래기 위한 음식이었다. 채만식의 작품에서 종식은 지식인 계층이고 친구는 의과를 나온 노동자다. 지식인 종식은 허름한 양복까지 팔아서 먹을 것을 구해야 할 만큼 가난했다. 그래도 월급쟁이로 일하는데다 대접할 것이 없는 종식의 사정도 아는 친구는 값이 싸면서도 양이 넉넉해 나눠 먹을 수 있는 음식을 사 온다. 고기가 들어간 빈대떡이다.

지금은 뜨끈뜨끈한 빈대떡을 파는 가게가 흔하지만, 20세기 초만 해도 빈대떡은 종로 뒷골목에서 빈자들이 배를 채우기 위해 먹던 음식이었다. 한국의 20세기는 파란만장했다. 식민 지배와 전쟁 탓에, 모두가 먹을 것이 없어서 배를 곯고 주리며 힘들게 버텨야 했다. 그 시기 가난한 이들은 모여서 녹두가루에 돼지고기 부스러기, 나물, 채소를 잔뜩 넣고 휘휘 저어서 만든 반죽을 구워먹었다. 빈대떡은 자고로 돼지기름을 잔뜩 녹여 찰랑찰랑 채운 기름에 반죽을 올려놓고 치익 소리가 나며 기름이 사방으로 튀어도 앞면이 반쯤 익어갈 때까지, 가장자리가 갈색으로 변할 때까지 가만히 지켜보다가 집중해서 한번에 뒤집어야 제맛이다. 빈대떡 부치는 소리와 사람들이 배를 채우며 왁자지껄 이야기하는 소리가 서울 종로 뒷골목을 가득 메우며 서로를 격려해주었고, 그 소리 덕에 모두가 함께 그 시대를 버텨낼 수 있었다.

정동이나 피맛골을 지나서 빈대떡 하면 생각나는 곳, 바로 광장시장이다. 지금은 대부분 광장시장廣場市場으로 알고 있지만, 사실은 청계천 3가와 4가에 있던 광교廣橋와 장교藏橋 두 다리 사이에 위치한다고 해서 '광장시장廣藏市場'이라고 불렀다. 서울시에 있는 전통 재래시장은 약 이십여 군데인데, 그중 종로구의 유일한 전통 재래시장이 바로 광장시장이다. 한때는 이곳을 동대문시장으로 부르기도 했다. 아이들이 부모님과 장을 보러 가서 빈대떡, 떡볶이, 잔치국수 등을 먹고 즐겼던 종로의 대표적인 시장. 이곳의 빈대떡은 줄곧 유명했고, 지금도 예전처럼 저렴하고 가성비 좋은 전통 음식으로 사람들에게 사랑받고 있다.

안주류

빈대떡과 부침개

빈대떡을 전이나 부침개 같은 요리와 명확히 구분하기에는 기준이 모호하기도 하고 사람들도 헷갈려 한다. 전과 부침개는 모두 바닥이 얕고 넓은 냄비, 즉 프라이팬에 기름을 두르고 부쳐서 먹는 음식을 뜻한다. 예전에는 이와 같은 음식을 유전병油煎餠이라고 했다. 전을 화전花煎이라고 부르고 고려시대에는 꽃놀이 가서 꽃전을 부치는 것을 '화전놀이'라고 한 것을 보아도 빈대떡과는 그 모양새가 달랐음을 알 수 있다. 또한 전은 생선살, 채소 등을 기름에 작고 예쁘게 부쳐 먹는 것으로 후식으로 쓰였다가 이후 반찬으로 변한 음식이다.

빈대떡은 반찬으로 분류할 수는 있지만, 주로 식사 대용으로 먹었다는 점을 보면 전과는 그 차이가 명확하다. 우리나라에서 가장 오래된 빈대떡집은 1950년부터 있던 '열차집'으로 아직도 종로구 뒷골목에서 영업 중이다. 이곳의 빈대떡은 지금 우리가 먹는 빈대떡에 비해 크기가 크지는 않지만 두께는 전보다는 확실히 두

열차집 빈대떡 ⓒ 권운영

툼하다. 열차집은 20세기 초반에 부쳐 먹던 빈대떡 맛을 유지하면서 지금은 친척이 운영하고 있다. 사장님 말씀에 따르면 여전히 돼지기름으로 부치는 방식을 고수한다고 하니 세월이 변해도 그 맛은 변함없이 이어지고 있다.

진화하는 빈대떡

빈대떡과 전을 파는 가게가 많아지고 사람들에게 요깃거리, 술안주로 각광받으면서 그 안에 들어가는 재료도 다양해졌다. 돼지고기에 숙주 같은 채소를 더하던 기본적인 빈대떡뿐 아니라 소고기부터 오징어, 굴, 조개, 파, 부추 등 다양한 재료를 넣는 먹음직스러운 빈대떡이 등장하고 있다. 심지어 프랜차이즈 빈대떡집에서는 빈대떡이나 해물파전을 피자 크기만큼 크게 구워 내오거나 피자처럼 먹기 좋게 여덟 등분을 해주기도 한다. 이런 모습을 보면 곳곳에서 빈대떡의 대중화에 노력해왔다는 것을 알 수 있다.

비 오는 날이면 우리나라 사람들은 수제비와 칼국수만큼이나 빈대떡을 자주 먹는다. "빈대떡 부쳐 먹을까?" 하는 물음에는 절로 〈빈대떡 신사〉 노래 가사를 흥얼거릴 정도다. 어느 집이나 비 오는 날이면 집에서 편히 빈대떡을 부쳐 먹었다. 빈대떡이 한 장씩 완성될 때마다 어른들이 손으로 쭉쭉 찢어서 입안에 넣어주면 아이들은 아기새처럼

안주류

받아먹으며 마냥 행복해하던 시절이 있었다. 20세기 중반까지만 해도 '돈 없으면 부쳐 먹던 빈대떡'이 21세기에 들어서면서 한류 음식의 중심이 되고, '돈이 있어도 부쳐 먹는 군침 도는 빈대떡'으로 자리매김한 것은 K-푸드 발전에서 매우 의미 있는 변화라고 할 수 있다.

권운영 ♦ 신한대학교 국제어학과 조교수

숙명여자대학교 중어중문학과를 졸업하고, 숙명여자대학교 중문과에서 석사학위를, 고려대학교 중어중문학과에서 박사를 수료하고, 중국 상하이의 화동사범대학교 중문과 대학원에서 중국고전문학 전공으로 박사학위를 받았다. 주로 한중 비교문학과 비교문화 연구를 진행하고 있으며, 최근에는 디지털인문학을 기반으로 한 인문데이터 분석에 관심을 갖고 연구하고 있다. 대표 저역서로 『중화미각』(공저) 『문화를 잇다 중국을 짓다』(공저) 『라이프 중국어』(공저) 등이 있다.

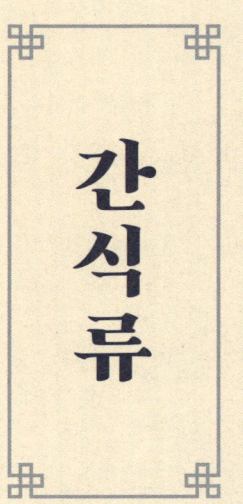

간식류

시대를 넘나드는 맛

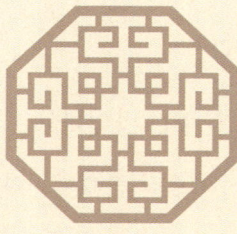

만두

간식류

만두는 맛있다!

만두는 내가 무척 좋아하는 음식 중 하나이다. 나만 그런 게 아니다. 한반도는 물론 중국, 일본 등 동아시아 지역을 넘어 전 세계인이 즐기는 음식이기도 하다. 한국에 만두, 교자, 편수 등이 있다면 중국에는 만터우, 바오쯔, 자오쯔, 샤오마이, 훈툰, 춘권 등이, 일본에는 만주, 야키교자 등이 있다. 동아시아뿐 아니라 스페인과 멕시코에서는 엠파나다, 이탈리아에서는 라비올리 같은 만두류 음식을 먹는다. 다양한 국가와 지역에서 폭넓게 사랑받는 음식인 셈이다.

오랑캐 머리가 유래라고?

만두는 삼국시기 제갈량이 '만두蠻頭', 즉 남방 오랑캐인 '만인蠻人'의 진짜 '머리頭' 대신 밀가루에 고기를 넣어 머리 모양으로 만든 뒤 노수에서 제사를 지낸 것에서 기원한다고 알려져 있다. 이 이야기는 북송 고승이 지은 『사물기원事物紀原』에 그 내용이 처음 보이지만 소설 『삼국지연의三國志演義』를 통해 널리 전파되었다.

그러나 이는 소설적 흥미를 배가하기 위해 들어간 내용일 뿐 역사적 진실과는 관계가 없다. 역사서인 진수의 『삼국지三國志』에는 보이지 않는 내용이다. 만두라는 명칭 역시 만인의 머리와는 관계가 없다. 만두라는 명칭이 흙손질을 의미하는 '만饅=鏝=墁'에서 왔고, '두頭'는 머리란 의미가 아닌 접미사로 사용되었을 뿐이라는 연구도 있다. 다시 말해 '만두饅頭'는 뭔가를 '흙손질해서 싼 것'이라는 의미이지 오랑캐 머리와는 관련이 없다는 것이다.

만두가 산스크리트어 '만제라曼提羅'의 음역이라는 주장도 있다. 쿠마라지바가 번역한 『십송율十誦律』에는 부처님이 왕사성에서 많은 음식을 준비해 거사들에게 제공했다는 내용이 있는데, 여기에 만제라병曼提羅餠이 나온다. 고계안의 고증에 따르면 만제라는 처음에는 지금의 빵처럼 구워먹는 것이었지만 중국으로 들어가면서 쪄 먹는 형태로 바뀌었다고 한다. 이렇게 볼 때 제갈량이 최초로 만두를 만들었다는 제갈량 기원설은 학술적으로 그 자리를 잡을 여지가 없어 보인다.

밀가루가 있어야 만두가 있다!

만두와 밀가루는 떼려야 뗄 수 없는 관계다. 밀가루가 아닌 다른 곡물 가루로는 소를 싸기 어렵기 때문이다. 밀은 서역에서 중국으로 들어왔다. 한나라 때 서역의 음식이 중국으로 들어왔는데 이를 보통 호식胡食이라 하였다. '호胡'란 본래 북방의 이민족을 칭하는 말이지만 한나라 때는 서역의 이민족을 칭하는 것으로 의미가 바뀌었다. 호병胡餠은 서역이나 중앙아시아에서 들어온 편평하게 생긴 밀가루 음식의 통칭으로 이후 중원 사람들이 좋아하는 음식이 되었다. 대표적으로 화로에 굽고 그 위에 깨 등을 올린 중국 신장 지역의 낭饢 같은 음식이 있다. 호병이 소가 들어 있지 않는 음식을 대표한다면 필라饆饠는 소가 들어 있고 서역에서 전래한 음식을 대표한다. 원대에 간행된 『거가필용사류전집居家必用事類全集』을 보면 필라는 수정필라水晶饆饠, 필라각아饆饠角兒 등 다양한 종류가 있는데 밀가루를 얇게 민 피로 소를 감싸고 있는 오늘날의 만두와 같은 음식으로 보인다. 필라는 만주족에게 전해지면서 발발餑餑, 막막饃饃으로 이어진다. 다시 말해 밀가루 음식이 전래되면서 중국의 교자나 포자, 만두에 영향을 준 것이다.

고대 중국의 다양한 만두들

만두는 역사적, 지역적으로 다양한 명칭과 종류가 있었다. 당나라

때도 유행했던 만두는 송나라에 들어오면서 일상의 분식으로 널리 사랑받는다. 현대 중국에서 '만두'란 단어는 소가 들어가지 않은 찐빵을, '포자'는 소가 들어간 만두를 의미하지만 송대에는 만두와 포자라는 말을 혼용했다. 송나라 수도 개봉의 사회상을 자세하게 그린 『동경몽화록東京夢華錄』을 보면 포자, 만두, 골돌아餶飿兒, 전협자煎夾子 등 만두와 관련된 여러 명칭이 곳곳에 나온다.

> 연회 물품의 임대: 만약 이외에 다른 안주가 필요할 때는 즉시 사람을 시켜 밖에서 연양軟羊, 귀배龜背, 크고 작은 뼈, 여러 종류의 만두, 옥판자玉板鮓, 생삭파자生削巴子, 과강瓜薑 같은 것들을 사 오게 하였다.

이 구절을 보면 연회가 있을 때 만두가 안주 역할을 하였으며 배달도 가능했던 음식임을 알 수 있다. 만두는 술안주나 연회 음식뿐 아니라 임산부를 위한 음식으로도 활용되었음을 『동경몽화록』을 통해 확인할 수 있다.

> 육아育兒: 그리고 접시와 합盒에 만두를 담아 보냈는데 이를 일러 '분통分痛', 즉 '고통을 나누다'라고 하였다. 그리고 만두는 잠자는 양, 누워 있는 사슴, 과실 등의 모양으로 만들었는데, 임부가 자고 누워 있다는 것을 의미하여 이렇게 하였다고 한다.

당시 개봉 사람들은 산달의 임부에게 만두를 선물했다. 그 만두는 양, 사슴 등 그 모양이 다양했고, 자거나 누워 있는 모습으로도 만들어 임부가 누워 있는 모습을 상징하는 음식으로 활용되기도 하였다. 이처럼 북송 시기 만두는 단순한 먹거리가 아니라 선물로까지 폭넓게 활용되었다. 채식 전문 식당에서는 채식 만두도 팔았고, 황실의 의례 음식으로도 쓰이는 등 북송 개봉에서 만두는 황실부터 민간에 이르기까지 골고루 사랑받았다.

이외에도 『수호전水滸傳』에 나오는 손이랑과 장청 부부가 운영하던 술집에서 팔던 인육人肉 만두, 『홍루몽紅樓夢』에 나오는 두부피 만두는 물론 루쉰의 『약藥』에 등장하는 인혈人血 만두 등 다양한 문학작품에 만두가 다양한 모습으로 등장한다. 이처럼 만두는 시대를 넘어 빈부귀천을 가리지 않고 중국인에게 널리 사랑받던 음식이었다.

한반도에서 귀한 대접을 받았던 만두

만두와 관련한 우리의 문학작품으로는 고려시대의 「쌍화점雙花店」이 대표적이다. 「쌍화점」은 고려 속요 중 하나로 「상화점霜花店」이라고도 한다. 남녀 사이의 노골적인 정사를 다룬 내용을 통해 당시 고려인의 향락적인 기풍을 짐작할 수 있다.

쌍화점에 쌍화 사러 갔더니만/ 회회아비 내 손목을 쥐더이다/ 이 말이 가게 밖으로 나고 들면/ 다로러거디러 조그마한 새끼 광대야 네 말이라 하리라.

고려시대의 '쌍화'는 현재 우리가 흔히 먹는 고기 만두와는 조금 다른, 중동에서 들어온 튀김 만두의 한 종류인 삼사Samsa라고 알려져 있다. 중앙아시아에서는 페이스트리에 양고기 등 소를 넣은 요리를 먹었다. 이를 우즈베크어와 위구르어로는 삼사라고 하는데 빵 속의 고기라는 뜻이다. 엄밀히 말하면 만두에서 기원한 요리가 아니지만 동

우즈베키스탄 빵 전문점 '탄드르'에서 파는 삼사 ⓒ 김민호

아시아에서는 만두의 일종으로 취급되었다. 만두의 전파 과정을 생각하면 중국으로 전래되기 전에 만들어진 만두의 원형에 가깝다고 할 수 있다. 동대문역사문화공원역 7번 출구 근처에는 우즈베키스탄 빵 전문점 '탄드르'가 있는데, 여기서 소고기 소 삼사와 양고기 소 삼사를 판다. 탄드르는 우즈베크어로 화덕이란 의미라는데 '탄드르' 사장님 말에 따르면 우즈베키스탄 가정에서는 현재도 삼사를 즐겨 먹는다고 한다.

「쌍화점」에 나오는 회회아비는 서역에서 들어온 이슬람을 믿는 외국 사람이다. 고려는 외국인인 회회아비가 들어와서 장사도 할 수 있을 정도로 개방적인 사회였다. 「쌍화점」을 보면 현재 흔히 보이는 만둣집처럼 일반 대중도 쉽게 만두를 접할 수 있었을 거라 착각할 수 있다. 하지만 당시만 해도 만두는 쉽게 접할 수 있는 음식이 아니었다. 만두피를 만드는 밀가루가 귀해서였다. 그래서 왕실 사람들이나 귀족들이 명절 혹은 특별한 행사 때 정도나 접할 수 있던 음식이었다. 다시 말해 쌍화점은 만두의 종주국인 서역 사람이 경영하는 정통 고급 음식점이었다. 마치 지금의 이탈리아 사람이 경영하는 고급 이탈리아 레스토랑처럼 말이다.

사치한 만두를 금하소서!

고려의 멸망과 함께 만두는 개성에서 한양으로 들어와 궁중 및 반가의 음식으로 자리잡게 된다. 밀이 흔치 않던 조선시대에 만두는 명절에나 지체 높은 집안에서나 먹을 수 있던 귀하고, 심지어 사치품에 속한 음식이었다. 『조선왕조실록 朝鮮王朝實錄』「세종실록」세종 4년 (1422) 임인 5월 17일조를 보면 다음과 같은 내용이 나온다.

> 예조에서 계하기를, "……진전과 불전 및 승려 대접 이외에는 만두, 면, 병 등의 사치한 음식은 일체 금단하소서" 하니, 그대로 따랐다.

위는 세종이 그의 아버지 태종 이방원을 위해 수륙재 水陸齋를 올리는 과정을 묘사한 상황이다. 불교 의식인 수륙재는 물과 육지에 떠도는 귀신을 위해 재를 올리는 법회인데, 만두와 면 같은 "사치한 음식"은 진전, 즉 돌아가신 임금의 어진을 모시는 곳과 불전 및 이 법회를 주관하는 승려에게만 대접하고 일반 관원들에게는 대접하지 말라는 내용이다. 이를 통해 조선 초기에 만두나 면 같은 밀가루 음식을 먹는 일을 사치스럽게 여겼음을 짐작할 수 있다.

만두는 조선 연행사들이 중국을 방문하였을 때 대접받던 음식이기도 하였다. 김창업의 『노가재연행일기 老稼齋燕行日記』를 보면 다음과 같은 내용이 나온다.

이른바 '유박아柔薄兒'란 우리나라의 상화처럼 밀가루로 만든 것인데 우리나라의 만두처럼 가장자리를 쭈글쭈글하게 막았다. 이는 아마도 옛 만두일 것으로 그 소는 돼지고기와 마늘로 만들었는데, 그곳의 떡 중에서 가장 맛이 있었다.

김창업은 '유박아'를 조선의 상화, 만두와 같은 음식이라 묘사한다. 조선시대 『음식디미방』에 적힌 상화법에 의하면 상화란 밀가루를 곱게 체에 치고, 누룩가루도 넣고 죽을 쑨 다음 눅눅하게 반죽하고 외나박, 석이, 표고, 참버섯을 양념하여 소로 넣는 음식인데, 여름에 바쁠 때는 껍질을 제거한 팥을 찐 뒤 굵은 체에 쳐서 청밀(꿀)에 말아넣기도 하였다고 한다. 이 유박아가 맛있었다고 하니 타국 음식에 잘 적응하지 못했던 조선 연행사 입장에서 다행이 아닐 수 없다.

허균의 『도문대작屠門大嚼』에도 상화와 만두가 동시에 나온다. 조선시대에는 보통 발효한 피로 만든 만두는 상화로, 발효하지 않은 피로 만든 것은 만두로 불렀다고 한다. 고려시대에도 그렇지만 조선시대에 와서도 상화는 밀가루를 사용한 귀한 음식이었다. 이에 왕실 행사에도 활용되고, 왕이 하사품으로 내리기도 하며, 중국에서 칙사가 와 유제諭祭를 지낼 때도 진설하곤 했다. 조선시대 임금의 언동을 날마다 기록한 『일성록日省錄』 중 정조 10년(1786) 8월 8일 「영접도감이 중국 칙사의 유제 때 제물의 기수에 대한 별단으로 아뢰었다」 조에도 상화병을 진설하였다는 기록이 나온다.

고급 만두의 품격을 지닌 개성 만두

편수는 개성 만두로 널리 알려졌다. 1890년대에 쓰인 한글 필사본 조리서 『시의전서是議全書』에서는 편수를 다음과 같이 설명한다.

밀가루를 냉수에 반죽하여 얇게 밀어 네모반듯하게 자르되 너무 작게 하지 않고 소는 만두소처럼 만들어 귀를 걸어 싸서 네모반듯하게 하되 혀를 꼭 붙게 하여 삶는 법도 만두와 같으니라.

고려의 수도 개성에서 유행하던 만두는 다른 지역의 만두와 달리 정갈하고 깔끔하다는 데 자부심을 갖고 있었다. 편수는 중국의 편식扁食이 조선에 들어와 변형된 이름으로 여긴다. 편식이란 용어는 송대에 등장한 뒤 명청 시기에 주로 사용되어 청대에는 교자라는 용어보다 더 광범위하게 쓰였다. 조선에서도 상화나 만두뿐 아니라 편식이라는 말도 제법 쓰였다. 편식은 조선 후기에 편수로 바뀌어 쓰였다. 편수는 개성 음식으로 널리 알려져 있는데 1925년 『개벽開闢』에 그 이름이 보이고, 1929년 12월 『별건곤』의 「천하진미 개성의 편수」에도 자세한 기록이 보인다.

간식류

개성 편수 중에도 빈한한 집에서 아무렇게나 만들어서 편수 먹는다는 기분만 맛보는 것 같은 그런 편수는 서울 종로통 음식점에서 일금 20전에 큰 대접으로 하나씩 주는 만두 맛만 못할는지도 모른다. 그것은 고기라고는 거의 없고, 숙주와 두부의 혼합물에 지나지 않기 때문이다.

그러나 정말 남들이 일컬어주는 개성 편수는 그런 것이 아니라 그 속의 주성물은 우육, 돈육, 계육, 생굴, 잣, 버섯, 숙주나물, 두부, 그 외의 양념 등 이렇게 여러 가지 종류이다. 이것들을 적당한 분량씩 배합하여 넣되 맛있는 것을 만들려면 적어도 숙주와 두부의 합친 분량이 전체 분량의 삼분의 일을 넘어서는 안 될 것이다. 그럼으로 정말 맛있다는 개성 편수는 그리 염가로 얻어지는 것이 아니다.

『별건곤』에 실린 편수 관련 내용을 보면 개성 편수가 얼마나 급이 높은 만두인지 알 수 있다. 종로통 음식점에서 싼값에 듬뿍 주는 질 낮은 만두가 아니라 고기 등 값비싼 재료들이 잔뜩 들어간, 숙주나 두부처럼 저렴한 재료는 삼분의 일 이상 들어가면 안 되는 비싼 음식이었다. 『별건곤』 속 내용을 통해 20세기 초 서울 종로통에서는 싸구려 만두도 팔았지만 제대로 된 개성 편수, 즉 개성식 만두를 먹으려면 값을 제대로 치러야 했음을 알 수 있다.

개성 출신 박완서 작가는 『나목』에서 자신의 그릇에 남아 있는 퉁명

'자하손만두'의 편수 ⓒ 김민호 　　'이북만두'의 투박한 만두 ⓒ 김민호

스럽게 생긴 만두를 숟갈로 이리저리 굴리면서, 개성 만두는 생김새부터가 유머러스하다고 이야기한다. 얄팍하고 쫄깃하게 잘 주무른 만두 꺼풀을 동그랗게 밀어서 참기름 냄새가 몰칵 나는 맛난 만두소를 볼록하도록 넣은 다음 반달 모양으로 아물린 것을 다시 양끝으로 뒤로 당겨 맞붙이면 꼭 배불뚝이가 뒷짐진 형상이 된다며 개성 만두를 유머러스하게 묘사한다.

　이처럼 박완서 작가는 개성 이외 지역의 만두를 퉁명스럽게 생긴 거친 만두로 생각하고 있었다. 실제로 개성을 벗어난 지역의 이북 만두는 크고 거칠게 생긴 경우가 많다. 중구 무교동에서 삼대째 운영하고 있는 '이북만두'의 만두를 보면 그 생김새가 크고 투박하며, 맛도 강한 고기향이 난다.

　여담이지만 한동안 종로구 부암동에 위치한 '자하손만두'가 개성 만두의 전통을 잇는 곳이라고 오해를 했었다. 메뉴에 개성 음식인 조랭이떡국이 있어서였을 텐데, 박혜경 대표와 이야기를 나누고서야 이

간식류

곳이 서울 만두의 전통을 잇는 집이란 사실을 알았다. 박대표 말에 따르면 서울 만두는 자극적이지 않고 슴슴하며, 모양새가 단아하고 기품이 있다. 강한 조미료로 맛을 자극적으로 내려 하지 않고, 원재료의 맛을 살리는 서울의 옛 전통을 유지중이라고 한다. 이 맛을 유지하기 위해 매년 콩을 1톤가량 사서 직접 메주를 쑤고 또 장도 만드는 정성을 기울인다는 것이다. 더불어 원래 서울 만두는 피를 밀어서 만들지 않고 밀가루 반죽을 송편처럼 조그맣게 떼어 거기에 소를 넣고 주름을 잡아 마무리하는 방식으로 만든다고 한다. 다만 이 방식은 품이 너무 많이 들어 음식점에서 대량으로 만들기가 어렵다는 모양이다. 서울 출신인 필자의 어머니 조남숙 여사 역시 어렸을 때 만두를 송편 빚는 것처럼 만드셨다며 '속 먹자는 만두, 살 먹자는 송편'이란 표현도 있다고 하셨다.

만두의 대중화

고려를 거쳐 조선시대에 이르기까지 만두는 왕실과 양반이 즐기던 고급 음식이었다. 만두가 대중화되기 어려웠던 큰 이유 중 하나는 만두피의 재료인 밀가루의 공급에 있었다. 밀이 흔치 않다보니 생선살을 피처럼 사용한 어만두魚饅頭같이 궁중이나 양반 사회에서나 먹을 수 있는 귀하게 변형된 만두가 등장하기도 하였다. 이 외에 계란을 피로 사용한 난만두卵饅頭, 배춧잎으로 싸서 만든 숭채만두도 과거 궁중에 진상된 변형 만두다.

이처럼 밀이 귀하던 시기까지는 아무나 접하지 못하는 귀한 음식이었던 만두가 임오군란 이후 청나라 사람들이 한반도에 자리를 잡고, 경성에 호떡과 만두를 파는 중화요릿집이 많이 생기면서 대중화되었다. 일제강점기 경성에서는 외식이 유행하였고, 국물을 좋아하는 한국인의 특성에 맞춘 만둣국도 생겨났다. 중국의 만두와 달리 김치, 두부, 숙주나물 등을 넣는 한국 특색을 살린 만두도 유행하게 된다. 한국전쟁 시기 대량의 밀가루 원조를 받고, 1960~70년대에 이를 바탕으로 혼분식 장려 운동이 시작되면서 분식은 일상이 되었고, 만두 역시 누구나 쉽게 접하는 대중적인 음식으로 자리잡았다.

세계로 뻗어가는 K-만두!

왕실과 귀족의 음식에서 대중의 음식으로, 중동에서 시작하여 중국을 거쳐 개성과 서울로 이어진 한국 만두는 다시 세계로 뻗어나가고 있다. 이제 전 세계인이 만두를 즐기는 요즘이다. K-컬처가 세계를 휩쓸면서 K-푸드도 세계인의 사랑을 받고 있다. 이러한 열풍에 힘입어 한국 만두 수출액은 2023년 6,652만 달러(약 878억 원)로 사상 최고치를 기록했다. CJ제일제당의 '비비고' 만두는 2023년 북미에서 점유

간식류

새너제이 '교포마켓'에 진열된 한국 만두
ⓒ 최윤아

파리 오페라 구역 'K mart'에 진열된
한국 만두 ⓒ 김미현

율 50퍼센트를 넘어서며 정상을 차지했다. 한국 만두는 미국뿐 아니라 캐나다, 호주, 홍콩, 베트남, 일본, 대만 등 세계 각국의 음식 문화를 파고들어가고 있다. 그리고 현지 문화에 맞춰 고수 만두, 치킨 만두 등으로까지 계속 진화해나가고 있다.

외래 문화의 수용과 현지화, 변용과 발전을 거쳐 외부로 퍼져나가는 것은 문화의 일반적인 습성이다. 지금 이 순간 새로운 문화로 진화해가는 K-만두를 통해서도 이를 확인할 수 있다.

김민호 ◆ 한림대학교 중국학과 교수

고려대학교 중어중문학과를 졸업하고 동대학원에서 문학박사학위를 받았다. 중국사회과학원 문학연구소, 대만 중앙연구원 문철소, 하버드대학교 페어뱅크 중국연구센터 등에서 방문학자를 지냈다. 중국 소설, 중국 지역 이미지, 고대 동아시아 교류 관련 기록에 관심을 갖고 공부하고 있다. 박사 논문으로 『중국 화본소설의 변천 양상 연구』를 썼고, 화본 소설의 주요 배경인 송대 개봉의 사회문화상을 기록한 『동경몽화록』을 번역했다. 또한 조선 연행사의 중국 견문을 지역별·시대별로 비교·분석한 『조선 선비의 중국견문록』과 백이와 숙제의 이미지 변천을 탐구한 『충절의 아이콘, 백이와 숙제—서사와 이미지 변용의 계보학』을 썼다.

고급 요리, 국민 간식이 되다

떡볶이

왕가의 요리, 떡볶이

1938년에 유행한 노래 〈오빠는 풍각쟁이〉에는 떡볶이가 등장한다. 오빠를 풍각쟁이니 욕심쟁이니 온갖 ○○쟁이라며 나무라는 투의 노래가사를 가만 살펴보면 떡볶이, 불고기는 자기가 먹고 오이지, 콩나물과 같은 밑반찬만 나한테 준다고 한다. 이로써 떡볶이는 당시만 해도 쉽게 먹을 수 없는, 불고기와 같은 '요리'였음을 짐작해볼 수 있다. 지금은 흔하디 흔한 국민 간식 떡볶이가 불고기와 동급으로 대우받던 시절이 있었던 것이다.

사실 떡볶이는 왕가의 요리였다. 『승정원일기承政院日記』에는 이가 불편해 식사를 못 하는 영조에 대한 기록이 있다. 영조의 어머니도 절편, 떡볶이를 잘 드시는데 자신은 쫀득한 떡을 씹지도 못한다고 영조가 신세를 한탄하는 내용이다. 이 시기의 떡볶이는 병자餠炙라고 하였는데, 전복, 해삼, 소고기, 석이, 떡 등을 간장물에 볶아 만든 요리였다. 지금도 전복과 해삼은 고급 식재료니 이를 품은 떡볶이는 왕가나 사대부가에서나 먹을 수 있는 귀한 음식이었다 하겠다. 그래서인지 유교 사회에서 가장 중요한 의례인 제사에도 빠지지 않았다. 1595년 완성된 조선 중기 유운룡의 시문집 『겸암집謙菴集』에는 제사 의례상에 떡볶이를 구이류, 국수와 같은 줄에 차린다고 있다.

사대부들은 궁중 요리를 배우고 활용하여 자기네 집안만의 비법을 만들었고 가문의 요리 비전을 기록으로 남겼다. 1800년대 말의 한글 필사본인 『주식시의酒食是儀』는 왕비를 둘이나 배출한 은진 송씨 집안의 조리서로, 떡볶이를 사대부가의 여인이라면 마땅히 익혀야 할 음식으로 분류하였다. 『주식시의』의 떡볶이에는 송이와 도라지가 들어간다. 비슷한 시기에 쓰인 『규곤요람閨壼要覽』에도 떡볶이가 등장한다. 보통 가문의 조리 비법서에는 술 빚는 법을 주로 기록하는데, 『규곤요람』에는 술 담그는 방법에 대한 기록보다 교자상을 차리는 법을 더 상세히 알려주고 있다. 여기서 떡볶이는 잔치나 연회가 있을 때마다 교자상에 신선로, 회 등과 함께 꼭 올려야 하는 고급 음식으로 언급됐다. 『규곤요람』에 기록된 떡볶이 요리법은 다음과 같다.

전복과 해삼을 물러지도록 삶은 후 썰어 냄비에 담고, 가래떡을 한 치 길이로 썰어 넣는다. 녹말과 후춧가루, 기름, 석이버섯 등 여러 재료들을 간장에 양념하고, 이를 냄비에 자작하게 볶는다.

재료는 다소 다르지만 연상되는 떡볶이가 있을 것이다. 그렇다. 바로 궁중떡볶이다. 간장 베이스로 만든 궁중떡볶이는 그 이름에서부터 자신의 출신을 밝힌다. 이처럼 본디 떡볶이는 아무나, 아무때나 먹을 수 없는 요리였다. 녹말과 간장물이 만들어내는 우아한 색감의 떡볶이는 고급 요릿집 명월관의 인기 메뉴로 알려지기도 하였다. 왕가와 양반가를 거쳐 명월관에 이르기까지 떡볶이는 여전히 특별한 음식이었다.

매콤달콤 밀떡, 사랑받는 스쿨푸드가 되다

1958년 12월 27일 동아일보에는 설을 준비하며 마련한 가래떡을 소비하는 요리 방법이 소개되었다. 밤, 은행, 대추, 석이, 표고, 지단을 준비하고 기름을 넉넉히 두른 다음, 재료를 볶다가 간장과 설탕으로 간을 한다. 기름을 넉넉하게 둘러 재료를 볶다가 양념을 추가하는 요리법을 눈여겨볼 필요가 있다. 요즘에는 기름을 두르지 않고 떡을 물이나 육수에 끓이다가 고추장, 고춧가루, 설탕, 물엿 등을 넣어 양념해

떡볶이를 만든다. 기름을 넉넉히 둘러 볶는 떡볶이 요리법은 통인동 기름떡볶이를 떠올리게 한다. 이후 1960~70년대 후반까지 떡볶이 조리법을 소개한 기사들을 살펴보면 모두 간장떡볶이로, 전통적인 떡볶이 조리법을 따르고 있다. 대개 설을 맞아 준비한 가래떡을 소진하기 위한 방법으로 소개되었다. 이때까지만 해도 빨갛고 매운 떡볶이가 일반적이지는 않았던 것이다. 그렇다면 붉고 달콤한 고추장떡볶이는 언제부터 먹은 걸까?

신당동 떡볶이의 원조 마복림 할머니는 1953년 고추장 물에 끓여낸 떡볶이를 팔았다고 한다. 기름떡볶이의 원조인 맹씨 할머니도 1956년부터 옥인동 거리에서 간장에 고춧가루를 더한 양념으로 떡볶이를 기름에 볶아 만들었다. 한국전쟁이 끝나고 많은 어머니들이 그렇게 새로운 메뉴를 개발해 저마다 필사적으로 생계를 도모했다.

고추장은 이가 성치 않은 것으로 유명했던 영조가 무척 즐긴 반찬이었다. 김을 간장에 찍어 먹듯, 입맛을 잃었던 영조의 식욕을 돋운 것이 바로 고추장이었다. 고추장의 역사는 꽤 길지만 지금처럼 음식에 양념으로 많은 양을 넣거나 고추장 맛이 음식 맛을 결정지을 정도로 사용되지는 않았다. 영조처럼 고추장을 하얀 쌀밥에 살짝 얹어 먹었다. 조선 후기 박지원도 직접 담근 고추장을 두 아들에게 보내며 밥과 함께 먹으면 좋다고 편지에 적었다. 그야말로 입맛을 돌게 하는 역할을 한 것이다.

대중적으로 매운맛을 점차 즐기게 된 것은 한국전쟁이 끝난 후부터다. 요즘 중고등학생들이 불닭볶음면의 매운맛을 즐기며 학업 스트레스를 날려버리듯, 그 힘든 시절을 살아간 사람들은 본능적으로 자극적이고 매력적인 매운맛을 찾았다. 떡볶이 원조인 신당동, 통인동 할머니들도 이러한 점을 기민하게 포착하여 메뉴를 개발했다.

　1970년대를 거치면서 매운맛 고추장떡볶이는 떡볶이의 표준으로 자리잡는다. 1968년 식량원조협약과 함께 미국에서 밀가루가 대량으로 들어오면서 분식 장려 운동이 국가적으로 이루어졌고 떡볶이를 비롯한 라면, 국수, 빵 등이 대거 생산 및 소비되었다. 국가에서도 하루 한 끼는 꼭 분식을 하라고 대대적으로 장려했다. 밀가루 소비를 촉진하기 위해 학교에서는 빵을 나누어주었고 학교 밖에는 떡볶이집이 생겨났다. 바야흐로 밀떡의 시대가 시작된 것이다. 학교 앞 떡볶이집은 문방구점과 함께 세트처럼 자리하게 되었고 비닐을 씌운 특유의 녹색 접시에 담긴 밀가루떡볶이는 그렇게 모두의 스쿨푸드가 되었다. 1980년대에는 학교 앞 떡볶이의 위생을 고발하는 신문기사가 종종 등장한다. 또 학생들이 불량식품인 떡볶이나 다른 간식을 먹는 습관을 걱정하는 기사도 눈에 띈다. 그만큼 학교 앞 떡볶이는 학생들 사이에서 대중적인 간식이 되었다.

통인시장 기름떡'볶이'

통인시장은 지금은 먹자골목으로 변모한 금천교시장과 함께 서촌을 대표하는 시장이다. 대한제국과 일제강점기에는 친일파들이 서촌 일대에 거대한 토지를 차지하고는 대저택을 짓고 살았다. 청계천 남쪽에 주로 거주하던 일본인들이 청계천 북쪽으로 주거지를 확장하자 정부는 서촌과 북촌 일대에 조선인을 위한 한옥을 대량으로 지어 공급했다. 1941년 서촌 지역의 일본인들을 위한 공설 시장이 세워졌는데 그것이 통인시장의 모태였다. 한국전쟁이 끝나고 피폐해진 서울 곳곳의 시장을 재건하는 사업이 1955년부터 이루어졌다.

시장의 모습을 공식적으로 갖춘 것은 1960년대지만, 서촌 금천교 일대에서 이북에서 내려온 맹씨 할머니가 간장물을 입힌 떡볶이를 연탄불에 볶아 판 것은 1950년대부터다. 이북식 떡볶이를 변형한 것으로 추정되는 이 떡볶이는 '자하문 기름에 볶은 떡볶이'로 불렸다. 현재 통인시장 '원조 할머니 떡볶이집'의 창업자인 김인옥씨는 이 맹씨 할머니에게 비법을 전수받아 1986년 창업했고, 이 가게는 2014년 서울 미래문화유산으로 지정되었다. 재미있는 사실은 김인옥씨가 중학생 때부터 맹씨 할머니 떡볶이의 단골손님이었다는 점이다. 떡볶이 맛에 반해 직접 가게까지 차리게 된 것이다. 인생을 바꾼 떡볶이의 매력은 무엇일까?

우리가 즐겨 먹는 떡볶이. 이름은 떡볶이지만 조리법은 고추장과

간식류

원조 할머니 기름떡볶이
ⓒ 이유라

양념을 가미한 물에 떡을 끓여 줄이는 방식이다. 그렇다면 떡볶이가 아니라 떡조림 정도로 명명해야 마땅할 텐데 떡볶이는 늘 떡볶이다. 앞서 언급했듯이 전통적인 떡볶이는 줄이는 방식이 아니라 기름을 넉넉히 두르고 떡을 볶다가 다른 재료들을 넣고 간을 더해 좀 더 볶아내는 조리법을 썼다. 즉 진정한 떡'볶이'였다. 그 전통의 떡볶이가 통인시장 기름떡볶이다. 튀기듯 볶아낸 떡은, 겉은 바삭하고 속은 쫄깃한 소위 '겉바속쫄'의 경지에 이른다. 튀기면 신발도 맛있다는데 그 진리를 꿰뚫어본 맹씨 할머니가 새삼 위대해 보이는 지점이다.

원래 초창기 원조 할머니는 간장 양념 기름떡볶이를 주로 팔았고 간장물에 고춧가루를 약간 더해 매운맛 기름떡볶이를 만들어 팔았다. 금천교시장 부근 옥인동에서 시작된 기름떡볶이는 통인시장에서 김인옥씨가 가게를 열면서 새로운 스타일의 고추장 기름떡볶이로 거듭난다. 고추장과 고춧가루를 아낌없이 쓰고, 가는 떡에 양념을 김장하듯 버무려 기름에 볶아내는 것이다. 여러 매체를 통해 통인동 기름떡볶이로 알려진 고추장과 고춧가루 조합의 기름떡볶이는 옥인동 시절

간장 기름떡볶이 ⓒ 이유라   고추장 기름떡볶이 ⓒ 이유라
미리 양념을 해놓고 주문이 들어오면 번철에 볶아준다.

고춧가루가 살짝 가미된 매운맛 기름떡볶이와는 그 모습도 맛도 상당히 다르다. 고추가루가 많이 들어가고 거기에 다진 마늘까지 더해 매운맛을 극대화했다. 게다가 기름떡볶이의 핵심인 튀긴 떡은 탄수화물의 단맛을 최대로 끌어올린다. 초창기 원조 기름떡볶이에 비해 맛이 강렬하고 또렷해졌다.

디제이, 그 음악을 들려줘

1950년대 가정 경제를 책임진 여느 어머니들과 마찬가지로 신당동 사거리에서 마복림 할머니도 마산에서 서울로 이주해 떡볶이 좌판을

간식류

시작했다. 옥인동 맹씨 할머니도, 신당동 마복림 할머니도 모두 생계를 위해 장사를 시작했다. 고급 음식이었던 떡볶이가 막 대중화의 길에 들어서던 무렵, 이 두 할머니 외에도 많은 어머니들과 할머니들이 떡볶이를 팔았을 것이다.

신당동 사거리는 광희문 사거리, 동대문디자인플라자로 이어지는데, 광희문 사거리는 한때 중앙시장보다 번성했던 시구문시장(광희문시장)의 시작점이었다. 을지로6가에서 신당동 사거리에 이르는 구간은 늘 노점과 좌판과 행상으로 빽빽했다. 지금은 없어진 동화극장 앞에서 좌판을 시작한 마복림 할머니는 처음엔 고추장 물에 떡을 끓여 팔았다. 소문에 따르면 어느 날 할머니가 우연히 떡을 춘장에 빠뜨렸는데 먹어보니 감칠맛이 있었다고 한다. 그렇게 고추장과 춘장을 조합하는 양념을 연구하게 되었고 즉석떡볶이의 양념이 탄생했다는 것이다. 마복림 할머니는 1978년 동화극장 앞 복개 공사가 시작되면서 자신이 살던 신당동 집을 개조하여 즉석떡볶이 가게를 열어 인기를 끈다. 그러자 비슷한 즉석떡볶이 가게들이 하나둘 생겨나 지금과 같은 즉석떡볶이 골목까지 형성하게 되었다.

1980년대에 들어서면서 다양한 층위의 청년 문화가 생겨나고 발달하게 된다. 음식 문화도 서울 곳곳에서 흥성하고 다방, 음악감상실 문화도 생겨난다. 지금의 디제이는 클럽이나 무대에서 화려한 조명과 효과를 활용해 궁극의 퍼포먼스를 보여주지만 1980년대 디제이는 자

신당동 아이러브떡볶이의 디제이 부스 ⓒ 이유라
디제이 부스는 신당동 즉석떡볶이의 핵심 마케팅 전략이었다.
지금은 노래를 신청하는 손님이 거의 없고 노래 신청도 카카오톡을 통해 받는다.

기만의 입담을 뽐내면서 음악을 선곡하고 들려주는 사람이었다. 신청곡을 틀기 전 멋들어지게 사연을 소개하는 것도 아주 중요한 직업적 능력이었다.

  신당동 즉석떡볶이집에는 디제이들이 있었다. 이미 만들어진 떡볶이를 얼른 먹고 떠나는 가게가 아니었다. 얕고 넓은 냄비에 떡, 어묵, 만두, 라면, 야채 등이 담겨 비법 소스와 함께 나온다. 그즈음 보급된 프로판가스 화구에 냄비를 올리고 끓인다. 재료들이 소스와 함께 조

간식류

리되면서 매콤한 냄새가 퍼진다. 이때 조리 시간을 지루하지 않게 만들어주는 이가 바로 즉석떡볶이집 디제이였다. 친구와 떡볶이 냄비를 사이에 두고 신청곡을 듣는 시간은 지금의 화려한 클럽과는 다른 소소한 즐거움을 안겨주었을 것이다. 즉석떡볶이집은 식당이면서 음악 감상실이었고 디제이 오빠의 팬미팅 장소이기도 했다. 신당동 떡볶이 골목은 지금도 24시간 돌아간다. 떡볶이 골목은 건재하지만 그 많던 디제이들은 이제 사라졌다. 지금은 몇몇 가게만 디제이 문화를 추억하듯 한쪽에 부스를 마련해놓았다. 신청곡은 카톡으로 받는데, 카톡

다양하게 변신하는 즉석떡볶이 ⓒ 이유라
삼겹살, 통오징어튀김 등 다양한 재료를 추가해
나만의 즉석떡볶이를 만들어 먹을 수 있다.

아이디로 짐작해보는 디제이 오빠의 나이는 오빠라고 하기엔 너무 어리지만 신청곡을 보내보고픈 마음이 드는 건 왜일까.

 가격이 저렴해 주로 중고등학생이나 청춘들이 찾던 즉석떡볶이는 여전히 사랑받는 젊음의 음식이라 할 수 있다. 요즘은 전통적인 즉석떡볶이보다 다양하게 변주된 즉석떡볶이가 인기다. 피자에 다양한 토핑을 조합하듯 즉석떡볶이도 1980년대에는 상상할 수 없었던 재료를 추가해 요리 수준으로 변신한다. 생삼겹살, 냉삼겹살, 통오징어튀김, 차돌박이, 한우 대창, 각종 해물, 우삼겹 등등. 주로 즉석떡볶이에서 상대적으로 부족한 단백질을 채워주는 육류 중심의 토핑이 인기다. 즉석떡볶이는 이렇게 계속 진화하고 있다. 궁중 요리에서 국민 간식으로, 한끼 식사에서 일품요리로 끊임없이 업그레이드중이다.

이유라 ♦ 이화여자대학교 중어중문학과 강사

켜켜이 쌓아올린 이천 년의 달콤함, K-디저트의 원조

약과

간식류

약과의 조상은 누구일까

켜켜이 쌓인 단맛이 폭발한다. 그냥 달콤하기만 한 것이 아니다. 깊이 있고 기름진 단맛을 농축한 한 덩이의 과자는 오래전 중국의 남쪽 지역에서 시작되었다. 거여粔籹라고 불리던 이 과자는 찹쌀가루에 꿀을 섞어 반죽한 뒤 기름에 지져낸 유밀과油蜜果이다.

기름과 꿀이 어우러진 맛을 그 누가 거부할 수 있을까. 이천 년 전 중국의 문학작품인 『초사楚辭』에도 등장할 만큼 거여는 기름진 단맛으로 사람들을 매료시켰으며 하늘에 올리는 제사에 귀하게 사용되었다. 후위 시기 지어진 『제민요술齊民要術』에서는 다음과 같이 거여의 레시피를 소개한다.

찹쌀가루를 물과 꿀에 섞어 반죽하여 손으로 그 반죽을 떼어내서 8치 정도로 늘인다. 그리고 구부려서 양쪽 끝을 한곳에 연결하여 기름에 넣고 튀긴다.

거여는 당시에 고환膏環이라는 이름으로도 불렸다. '고'는 기름을 의미하고 '환'은 둥근 고리 모양을 뜻하기에 아마도 거여는 기름에 튀긴 도너츠와 비슷한 모양새였을 것으로 추정된다.

약과의 맛에 빠져들다

거여와 같은 유밀과는 당나라 시기, 통일신라와의 교류가 활발해지며 우리나라로 전래되었을 것이다. 그리고 고려시대 들어 유밀과는 연등회, 팔관회 등 불교 행사에서 빈번히 사용된다. 그것은 상에 괴어 놓기에 좋도록 네모반듯하게 생긴, 지금도 전해지는 개성 약과로 발전하였다. 약과는 꿀과 기름을 주재료로 쓰기에 매우 사치스러운 음식이었다. 곡식이 없어 백성들이 굶주리는 상황에도 채모蔡謨라는 관리가 약과를 만들어 뇌물로 바치다가 적발됐을 정도로 약과의 기름진 단맛에 많은 이들이 빠져들었다. 결국 사치품인 약과로 인해 이러저러한 사회적 문제가 생겨나자 고려 명종 22년(1192)에 다음과 같은 금지령이 내려지기에 이른다.

간식류

지금 풍속은 번드르르한 꾸밈새를 숭상한 나머지…… 기름과 꿀을 쌀뜨물과 구정물처럼 여긴다. 금후로는 유밀과 쓰는 것을 금지하고 대신 과일을 쓰도록 한다.

하지만 이미 약과의 맛에 빠진 사람들은 왕명에도 아랑곳하지 않았다. 고려시대에 총 여덟 차례에 걸쳐 약과 금지령이 내려졌지만 무용지물일 수밖에 없었다.

고려의 약과는 원나라로도 전파된다. 충렬왕 22년(1296)에 왕과 왕비는 세자(훗날 충선왕)의 결혼식에 참석하러 연경으로 갈 때 약과를 가지고 갔다. 원나라 궁궐에서 열린 세자의 결혼식 잔치에 고려의 약

궁중음식문화재단 한식예술장인 이군자의 개성 약과 ⓒ 최진아

과가 차려졌고 원나라 황실 사람들은 입에서 살살 녹는 고려의 약과 맛에 홀딱 반해버렸다. 이 잔치 석상에서는 고려 악사가 연주하는 '감황은感皇恩'이라는 악곡도 울려퍼졌다. 이처럼 황실을 중심으로 고려의 문화가 퍼져갔고 그중 약과는 '고려병高麗餠'이라는 이름으로 불리며 이른바 K-디저트의 원조가 되었다.

조선시대에도 약과의 인기는 전혀 시들지 않았다. 조선은 개국 초부터 혼인이나 제례 때 말고는 약과를 만들거나 먹지 못하게 법으로 막았다. 태조 3년(1394), 특별한 연회를 제외하고는 절대로 약과를 내놓지 말라는 상소가 올라온다. 이렇게 국가적으로 약과의 사용을 매우 제한하던 중, 태종 6년(1406)에 환관 출신인 명나라 사신 황엄이 온다. 거들먹거리는 황엄에게 잘 보이려고 조선의 몇몇 관리가 사사롭게 약과를 만들어 바치면서 이 일이 조정에서 심각한 문제로 확대된다. 이후 세종, 세조, 성종, 영조, 정조 등 많은 왕이 예의에 맞지 않는 약과 사용을 강하게 금지했지만 그렇게 막을수록 그 맛은 더욱 달콤하였다. 약과에 빠진 사람들에게 왕의 명령 따위는 아무런 효과도 없었다.

탐관오리와 약과, 이 정도면 약과지

금지된 음식에 대한 탐욕은 고전소설 『춘향전』에도 등장한다. 탐관

오리 변사또는 일부종사의 도리를 지키는 춘향을 핍박하며 자신의 무리를 불러 생일잔치를 벌이는 중이었다. 변사또 무리는 암행어사 출두 소리를 듣는 순간 마침 한입 가득 약과를 물고 있었다. 국법으로 금한 약과를, 그것도 나라의 관리인 사또라는 자가 먹고 있었으니 이는 누가 봐도 파면감이었으리라.

이처럼 약과라는 작은 음식 안에는 금할수록 갖고 싶어지는 인간의 욕망이 담겨 있다. 그래서 조선 후기 세도정치 속에서 약과는 뇌물로 쓰이기도 하였다. 당시 세도가에게 온갖 귀한 물건을 바칠 때 약과 또한 뇌물로 사용되었다. '이 정도면 약과지'라는 말은 그만큼 약과를 뇌물로 흔하게 바쳤음을 의미한다. 또한 '약과 정도로 가볍게 뇌물을 바쳤으니 그나마 다행'이라는 뜻으로도 파생되었다.

왕실과 양반가의 약과 차려내기

약과藥果라는 명칭에 대해서 이수광은 『지봉유설芝峯類說』에서 '유밀과를 약과라고 부르는 이유는 밀은 사계절의 기운을 받고 꿀은 모든 약의 으뜸이며 기름은 살충과 해독 효능이 있기 때문'이라고 하였다. 또한 '중국의 연회에서는 약과를 쓰지 않으나 우리는 제사와 잔치에서 모두 쓰기에 그 풍속이 사치스러움을 알 수 있다'고도 하였다. 정약용은 『아언각비雅言覺非』에서 '약과의 모양은 본래 둥글었으나 제사

호원당의 만두과와 다식과 ⓒ 김민호

상에 괴기 위해 네모반듯해졌고, 그 이름에 약藥이 들어감은 약밥, 약주처럼 꿀이 들어간 음식이기 때문'이라고 하였다. '중국의 거여를 우리가 숭상하여 신라 말, 고려 초 불교 문화 속에서 우리의 제사에 사용했다'고도 설명하였다. 따라서 우리의 약과는 비록 중국의 거여에서 시작되었으나 신라, 고려, 조선을 거치며 제사와 잔치에 쓰이는 과정에서 그 모양이 달라졌고 중국보다 오히려 우리나라에서 인기를 끌어 우리 음식으로 변용시켰다는 것도 파악할 수 있다.

조선의 왕실과 양반가에서 약과는 다양한 모양으로 변주된다. 만두과, 행인과, 다식과 같은 이름은 궁중의 음식발기나 양반가의 조리서에 흔히 등장한다. 순조의 생모 수빈 박씨의 제사상 차림 메뉴를 정리한 「경우궁제향발기景祐宮祭享發記」에는 약과, 만두과 및 꿀을 바르지 않은 약과인 중박계가 적혀 있다. 또한 조선 후기 한양의 소론 가문 부인인 빙허각 이씨가 쓴 『규합총서』에서도 약과 만드는 법을 '계피, 후추, 마른 생강, 생강즙을 즙청에 섞어 졸여낸다'고 설명하였는데, 이 레시피는 오늘의 약과 레시피와 거의 동일하다.

일본을 매료시킨 K-디저트

이러한 약과의 제조법은 일본에서도 똑같이 발견된다. 1837년 서적인 『건과자조법기干菓子調法記』에서는 '조선에서 전해진 약과 만드는 법'이라는 제명하에 밀가루에 소주와 꿀, 참기름을 넣어 반죽한 뒤 기름에 튀겨낸다고 적혀 있다. 이는 『규합총서』의 약과 레시피뿐 아니라 20세기 초에 출간된 『조선무쌍신식요리제법』의 약과 레시피와도 동일하기에 틀림없는 우리의 약과로 보인다.

실제로 일본의 에도 막부와 조선의 외교 석상에서 약과는 기록상으로도 누차 등장한다. 일본 막부에서 조선통신사를 위한 잔치에 조선의 약과를 차려내었을 뿐 아니라 조선의 초량왜관에서도 일본사신단을 맞이하는 잔치를 열 때 약과를 선보인 바가 있었다.

당연히 약과는 일본에서 인기를 끌었다. 약과의 섬세한 달콤함과

약과의 영향을 받은 일본의 디저트,
고보모치 ⓒ 최진아

기름진 풍미에 일본인들은 매료되었고 약과는 일본으로 가져가는 조선의 인기 품목이었다. 1719년에 조선의 신유한은 조선통신사의 임무 수행시에 약과를 선물로 가져간다. 이어서 김인겸도 1764년에 약과 선물을 일본 막부에 전한다. 또한 『신미통신일록辛未通信日錄』에 따르면 1811년 대마도 번주에게 약과 마흔 개를 선물로 주었다고 한다. 이러한 조선 약과의 영향 때문인지 일본에서는 '구와스리クワスリ'라 불리는 일본판 약과가 만들어진다. 현재 일본의 학계에서는 '구와스리'의 일본어 발음 '구와クワ'는 약과의 '과'가 일본식으로 변형된 것으로 추정하고 있다. 아쉽게도 구와스리는 메이지 유신 이후 사라져버렸지만 거기서 파생된 '고보모치牛蒡餅'라는 음식은 현재도 규슈 일대에서 변용되어 존재하고 있다.

이천 년을 이어지는 맛

약과는 무려 이천 년의 역사를 농축한 맛이다. 한 켜 한 켜마다 꿀과

간식류

기름으로 조밀하게 농축된 그 맛이 가볍게만 느껴지지 않는 것은 오래전 중국의 초나라로부터 고려와 조선을 거치며 발전에 발전을 거듭한 맛이기 때문이리라. 이미 고려 시기부터 원나라에서 K-디저트의 원조로 자리매김했고 조선 시기에는 일본과의 외교석상에서 선물로 등장할 정도로 막부의 미각도 매료시켰다. 제도와 법으로 기름과 꿀의 맛을 엄히 단속해도 소용이 없었다. 약과는 왕실의 제례와 잔치 음식에서 더 나아가 양반가와 민간의 특별한 음식으로 기록되었으며 뇌물이 될 만큼 은밀한 욕망을 자극하기도 했다.

지금 우리 시대의 약과는 새로운 맛으로 변화하는 동시에 여전히 전통의 맛을 그대로 재현해내고 있다. 서울 양반가의 전통 음식을 기록한 『조선요리법朝鮮料理法』의 저자 조자호씨는 1953년 서울 종로에서 풍양 조씨 집안의 약과를 재현한 병과점 '호원당'을 설립했다. 전통 약과의 맛은 지금도 그렇게 전승된다. 또한 궁중음식문화재단의 한식예술장인 이군자 조과장에 의해 서울 약과의 모태인 개성 약과 또한 생생히 그 맛을 재현하고 있다.

1970년대 서울, 돌잔치의 약과 ⓒ 최진아

이군자 조과장의 개성 약과와 관련된 재미난 일화는 박완서 작가의 수필 「깊은 산속 옹달샘」에도 등장한다. 이야기는 법정 스님이 자리한 특별한 모임에서 시작한다.

K-디저트로 발전한 약과 ⓒ 최진아

곤지암의 도예가 집의 모임에서 한복 입은 부인 한 분이 기름이 잘잘 흐르는 약과를 법정 스님에게 바쳤다. 박완서 작가의 고향 개성에서는 부잣집에 딸을 시집보낼 때, 폐백음식으로 약과를 사용하였다. 약과는 재료가 비싸고 손이 많이 가서 만들기가 어려웠기에 솜씨 좋은 사람은 약과 만드는 일에 불려다니곤 하였다.

이 수필에서 법정 스님은 개성 약과를 박완서 작가에게 먼저 권한다. 그러나 작가가 이를 맛보려 하자 약과를 올린 부인이 기겁하며 약과를 다시 스님 앞으로 밀어놓는다. 스님에게 공양하기 위한 공물인 약과. 이 이야기 속에서 약과는 여전히 귀하고 정성스럽고 탐나는 맛으로 존재함을 확인할 수 있다.

이처럼 약과의 맛은 이천 년의 시대를 넘어 우리 안에 존재하고 또 다양한 이야기를 품어낸다. 중국에서 처음 시작됐지만 우리가 향유하

간식류

고 발전시켜 중국과 일본으로 전파되었다. 그렇기에 초나라의 거여를 맛보던 사람과 약과를 좋아하는 오늘날 우리의 미각은 다르지 않다. 그리고 앞으로 약과를 탐닉할 그 누군가와도 미각으로 서로 연결되는 셈이다.

최진아 ◆ 부산대학교 중어중문학과 교수

이화여자대학교 중어중문학과를 졸업하고 연세대학교에서 문학박사학위를 취득했다. 이후 중국사회과학원 문학연구소와 스탠퍼드대학 아시아태평양센터APARC의 방문학자를 거쳐 현재 부산대학교 중어중문학과에 몸담고 있다. 저서로『환상, 욕망, 이데올로기』『중화미각』(공저)『부산미각』(공저) 등이 있고, 역서로『북리지·교방기』등이 있다.

모나카 아이스크림

과자 상자 속 새하얀 눈

간식류

이야기가 쌓여가는 장충동 거리

장충단공원이 대중적으로 널리 알려진 계기는 1967년 가수 배호가 부른 〈안개 낀 장충단공원〉일 것이다. 노래의 인기에 힘입어 1971년에는 남한 감독의 영화 〈안개 낀 장충단공원〉까지 개봉했는데, 떠나간 사람을 그리워하는 애절한 가사와 우수에 젖은 배호의 목소리 덕분에 장충단공원은 낭만적 공간으로 다가왔다. 가사에 나오는 안개, 낙엽송 고목, 비탈길, 산기슭 같은 단어들로 고즈넉했던 당시 장충단공원의 풍경을 짐작하게 된다.

잘 알려진 것처럼 장충단은 원래는 공원이 아니었다. 1900년 9월, 고종이 을미사변을 비롯하여 임오군란, 갑신정변 때 나라를 위해 순사殉死한 열사들을 기리기 위해 만든 제단이었다. 장충단은 우리나라 최초의 국립 현충원으로, 고종은 이 추모의 공간을 통해 나라의 기틀을 잡고자 하였다. 그러나 일제강점기에 이르러 장충단은 일본인을 추모하는 공간, 종교적 의미가 사라진 쉼터인 공원으로 변질된다. 식민지가 된 나라의 비극을 고스란히 겪은 장소였다.

장충단이라는 이름에서 유래한 장충동이 근대를 맞이하며 다시 중요한 장소가 된다. 1963년 2월에 장충체육관이 개관한 것이다. 소위 '체육관 대통령'이 탄생하면서 대한민국 정치사의 암흑기를 지나온 곳이지만, 순전히 우리의 기술로 세워진 돔 경기장에서 실내스포츠의 열풍이 일어난다. 1966년 한국 최초의 복싱 세계챔피언이었던 김기수의 타이틀 매치가 열린 곳도, 1970년대 레슬링 열풍과 더불어 김일이 안토니오 이노키에게 호쾌하게 박치기를 날린 곳도 이 장충체육관이었다.

그 시절 레슬링 경기가 있는 날에는 모두 흑백 텔레비전 앞에 모여 소리지르며 김일을 응원했다. 박치기 한 번에 골목마다 함성이 터져 나왔다. 일제의 계략으로 의미가 변질되어버린 장충단, 그 자리에서 일본인 안토니오 이노키를 혼내주는 김일의 퍼포먼스는 우리를 열광시키기에 충분했다. 건강한 신체, 폭발적 힘에 대한 숭배는 강한 남자를 열망하게 했다. 양강미陽剛美, 즉 강하고 남성적인 기세를 추구하는 심리가 한국의 근대 사회를 이끌어가게 된 것이다.

간식류

　르네 지라르가 말한 것처럼, 희생제의는 내적 갈등, 숨은 원한, 경쟁심 등 집단 안의 모든 공격적인 성향이 희생물을 통해 전이되는 현장이다. 그렇게 볼 때 스포츠는 종교의 연속, 희생제의의 대체물이다. 내부의 폭력을 터뜨리고 잘 달래서 폭발하지 않도록 하는 희생제의 덕분에, 사람들은 일상의 평정을 유지하고 사회의 단합을 도모하게 된다. 장충체육관은 그야말로 이러한 희생제의가 이루어지던 제단이자 집단적 터트림이 일어나는 성소聖所였다.

　카타르시스, 배설, 정화의 과정이 일어나고 제의가 끝난 후 제단에 쌓인 고기까지 함께 나누어 먹어야 비로소 제의가 완성된다. 제물은 희생되고 먹힘으로써 성스러운 존재가 되고, 제의 참여자들은 제물을 함께 먹음으로써 성스러움을 공유하게 된다. 터뜨림, 내면의 찌꺼기를 한참 분출하고 나면, 사람들은 출출해진 배를 안고 제물을 먹으러 몰려간다. 그곳이 바로 장충동 족발 골목이다. 주머니 사정이 넉넉하지 않았던 시절 비교적 싼 값에 기분내며 먹을 수 있는 고기가 족발이었다.

　장충체육관 앞 장충단로를 따라 족발 거리가 서민의 애환을 담고 북적거렸다면 길 하나를 건너 마주한 동호로에는 족발과 전혀 다른 맛의 풍경이 만들어지고 있었다. 1973년 장충동에 태극당이 이전해 왔다. 부드러운 빵, 고소한 과자, 달콤한 아이스크림에 이르기까지 입맛뿐 아니라 온갖 감각, 마음과 몸까지 살살 녹이는 제과점은 그야말로 음유미陰柔美를 재현했다. 의도한 바는 아니었겠지만, 태극당은 장충동 족발 거리와 음양의 조화를 이루는 태극의 중심이 된 셈이다.

같은 해 옛 장충단 터 언덕 위에 신라호텔이 세워지고 1970년대 초에 남산1호터널, 남산2호터널도 개통되어 장충동은 사통팔달 교통의 중심지이자 세련된 문화를 주도하는 동네가 되었다. 남산 자락과도 연결되었으니 운치까지 더해졌다. 화려한 연예인들과 전국의 멋쟁이들이 빵을 사러 태극당에 들렀고, 당시 연인들에겐 필수 데이트 코스로 인기를 끌었다. 시간이 흐르면서 남아 있는 것은 결국 사람들의 수많은 이야기이다. 달콤하고 고소하고 정겨운 이야기들이 이곳에 켜켜이 쌓여가고 있었다.

태극당 내부 ⓒ 김지선
고풍스러운 샹들리에와 정겨운 원목 인테리어에서 오랜 세월을 느낄 수 있다.

설탕과 우유가 과자 상자에서 만났을 때

 서울에서 가장 오래된 빵집으로 알려진 태극당의 역사는 해방 다음 해인 1946년으로 거슬러올라간다. 해방 이전 미도리야 제과점에서 일했던 창업주가 일본인 주인이 두고 간 장비를 인수하여 중구 명동에 태극당을 차렸다. 군산의 이성당이나 종로의 고려당 등 한국의 오래된 빵집은 대부분 해방 이후에 세워졌다. 빵을 만드는 인프라는 이미 형성되었고 어깨너머로 제과 기술도 배웠으니, 제과점은 소자본으로 고수익을 올리는 기회가 되었다.

 단맛을 좋아하는 것은 인간의 본능이다. 달콤하고 고소한 빵과 과자를 파는 제과점은 사람들이 꿈에 그리는 곳이었다. 배불리 먹을 쌀도 귀했던 시절이건만, 1930년대부터 신문이나 여성 잡지에서는 가정에서 토스트, 푸딩, 핫케이크, 샌드위치 등을 만드는 방법을 소개했다. 빵과 과자 정도는 만들 줄 알아야 교양 있는 주부, 신여성이라는 건데, 코코아 가루나 베이킹파우더를 구할 수 있는 가정이 당시 얼마나 되었겠는가. 빵과 과자는 특권층의 상징이자 귀한 사치품이었다.

 물론 유과, 강정, 다식 등 다양한 전통 간식을 즐기기도 했다. 한국의 전통 간식에서 단맛을 내는 주재료는 꿀이나 엿이었는데, 꿀은 원래 귀한 식재료였고 엿은 곡식으로 만들었기에 곡식이 저렴하지 않으면 엿마저 쉽게 만들지 못했다. 이에 비해 일찍이 아시아 해상무역을 통해 설탕을 수입한 일본에서는 정제된 설탕으로 양갱, 만주, 센베 등 다양한 과자를 개발했다. 일제강점기를 거치면서 한국에도 설탕이 들어와 순식간에 우리의 입맛을 사로잡아버렸다.

정제된 설탕의 강렬한 달콤함은 엿의 은은한 달콤함을 밀어냈다. 단맛에 대한 매혹은 짜장면이나 호떡의 경우에서도 그대로 드러난다. 처음 들어왔을 때만 해도 짜장면과 호떡은 단 음식이 아니었다. 잘 알려진 것처럼 짜장면은 춘장을 볶아서 면에 얹어 먹는 음식이고, 호떡은 화덕에 구워서 먹는 음식이었다. 본디 낯선 이 음식에 설탕이 더해지면서 우리는 외래에서 들어온 이 음식에 마음을 활짝 열어버렸다.

지금은 흔하게 마시지만, 우유 역시 귀한 음식이었다. 생산에서 유통에 이르는 과정이 간단하지 않기 때문이다. 일본이 서양의 식문화를 장려하는 과정에서 가장 주목한 식재료 중 하나가 우유였다. 영양이 풍부한 음식으로 소개되면서 우유는 문명을 상징했는데, 그 이면에는 건장한 서구인의 체력에 대한 흠모가 깔려 있다. 우유의 신화는 한국에도 크게 영향을 미쳤다. 우유와 건강은 불가분의 관계로 인식되었고, 건강한 아이를 키우기 위해 모유보다 분유가 권장되었다. 1971년 시작된 우량아 선발대회의 후원 기업이 '남양분유'였던 것도 우연이 아니었다.

한국에서 전통적으로 우유는 쉬이 얻을 수 없어 귀한 음료였다. 우유를 대량으로 얻으려면 넓은 초원의 목장에서 젖소를 키워야 했다. 물론 목장과 젖소만 갖췄다고 우유를 얻을 수 있는 건 아니다. 젖소를 사육하여 우유를 짜내고 가공하고 유통하기까지 일련의 시스템도 갖추어져야 한다. 게다가 우유는 금방 상하기 쉬운 음식이라 '위생' 시설도 필수적으로 필요했다. 까다로운 공정 과정, 영양, 건강, 신선함, 위생, 유통 등 한결 복잡해진 키워드와 연결되는 우유는 근대화의 상징이 되었다.

태극당이 유행의 첨단을 걸을 수 있었던 결정적 이유도 '우유'에 있었다. 창업주는 1960년 경기도 남양주에 약 10만여 평의 목장 태극당 농축원을 설립하였다. 매일 이 목장에서 우유와 달걀을 공수하여 빵과 과자를 만들기 위해서였다. 이는 선진 낙농업의 모델이 되었고, 급기야 1965년에는 박정희 전 대통령이 태극당 농축원을 방문하기도 했다. 당시 최고 권력자의 목장 방문은 그 자체로 큰 화제였는데, 태극당이 국내 낙농 기술에 어떤 역할을 했는지 보여주는 일화이기도 하다.

우유를 안정적으로 얻으면서 마음껏 상상력을 펼칠 수 있게 되었다. 달콤한 팥소가 든 모나카도 맛있지만, 새하얀 아이스크림이 꽉 찬 모나카는 양갱, 전병, 월병 등과는 전혀 다른 새로운 맛을 보여주었다. 우유를 특화한 신메뉴는 공전의 히트 상품이 되었고, 태극당을 알리는 데 크게 공헌했다. 고소한 과자 상자 안에서 달콤한 설탕과 신선한 우유가 얼음이 되어 만났다. 입에서 살살 녹는 천상의 맛이 아니었을까. 모나카 아이스크림은 그렇게 사람들이 장충동을 찾는 이유 중 하나가 되었다.

태극당 농축원의 전경을 그린 벽화 ⓒ 김지선

우유 '맛' 아이스크림의 습격

중국의 길거리 음식 중에 '자빙치린炸冰淇淋'이라는 것이 있다. 자炸는 튀긴다는 뜻이고, 빙치린冰淇淋은 아이스크림을 가리킨다. 즉 아이스크림 튀김 정도로 해석할 수 있는데, 차가움과 뜨거움을 동시에 맛보는 재미난 음식이다. 아이스크림 자체는 특별하지 않다. 우유 아이스크림을 넓적한 사각형 모양으로 잘라서 튀김 반죽을 입힌 다음 뜨거운 기름에 바로 튀겨내는데, 순식간에 튀겨내기에 아이스크림이 녹지 않는다. 김이 모락모락 나는 튀김옷과 시원한 아이스크림을 동시에 즐기는 별미라 할 수 있다.

우리네 타락죽도 그렇지만 우유는 전통적으로 귀한 보양식으로 여겨졌고 뜨겁게 먹는 음식이었다. 『금병매金瓶梅』 제26회에서 이병아는 병중에 유병乳餅으로 만든 죽을 먹었고, 『홍루몽』 제19회에서 가보옥은 당증소락糖蒸酥酪을 먹었다. 당증소락은 걸쭉한 우유에 설탕을 넣고 찐 보양식이었고 유병은 광둥이나 윈난 지역에 사는 백족白族이나 이족彝族 사람들이 먹는 전통 음식으로 우유에 식초를 넣어 응고시킨 뒤 이를 두부 부침처럼 기름에 부치거나 불에 굽거나 혹은 쪄서 먹는 음식이었다. 우유를 이렇게 다양하게 먹을 수 있다는 사실이 놀라울 따름이다.

하지만 지금 우리에게 우유는 누가 뭐래도 차게 해서 먹는 음식이다. 냉장고가 대중화되지 않았던 시절에는 음식을 차갑게 보관한다는 건 '여유로움'의 다른 표현이었고, 얼음은 일상에 특별함을 주는 '상품'이었다. 아쉬운 대로 길거리에서 파는 얼음과자를 사먹으며 좋아하던 시절이 있었다. 설탕물을 얼려 만든 것에 불과하지만, 아이스께끼 장수가 나타나면 아이들은 홀린듯이 따라다녔다. 냉차는 마시고 나면 가끔 배앓이를 하기도 했지만, 값싸고 시원한 맛에 즐겼다.

이에 비한다면 신선한 우유로 만든 모나카 아이스크림은 첨단의 얼음과자였다. 얇게 구운 과자로 둘러싼 아이스크림은 먹기에도 편했다. 막대를 오래 들고 있다가 아이스크림이 녹아 흐를 염려도 없다. 격자무늬로 패인 선을 따라 공평하게 나눠 먹을 수 있고, 바삭거리는 과자와 부드러운 아이스크림을 동시에 즐길 수 있다. 얼음을 갈아 알록달록 향료를 뿌렸던 빙수도, 콘에 동그랗게 아이스크림을 올려 팔던 소

태극당 모나카 아이스크림 ⓒ 김지선
1960년 처음 출시했을 때와 똑같은 방식을
고수한다고 한다.

프트 아이스크림도 그 당시 만날 수 있었다. 하지만 모나카 아이스크림은 길거리에서 팔던 것과는 비교할 수 없는 세련되면서도 고급스러운 얼음과자였다.

한편 대형 공장 시스템을 갖춘 기업에서도 우유 아이스크림을 유통하기 시작했다. 대표적인 예가 '삼강하드'다. 삼강하드는 얼음 비율이 높은 아이스바로, 순 우유를 냉동시킨 아이스크림은 아니었다. 그러나 하얗고 시원한 아이스크림은 사람들의 마음을 사로잡았고, 우유'맛'이 나는 아이스크림을 마치 진짜 우유가 들어간 것처럼 여기기도 했다. 심지어 삼강하드의 광고 문구에 '순 설탕' '풍부한 영양소' '철저한 위생 조치'라는 표현도 들어갔다. 이미지가 만들어내는 위력은 크다. 덕분에 하얀 아이스크림은 진짜 우유 아이스크림처럼 소비되었다.

기호가 사물을 대체하고 이미지가 실재를 지배하는 시대에 우유 아이스크림은 더욱 정교하게 발전해나갔고, 그 과정에서 가짜라는 이미지를 버리게 된다. 100퍼센트는 아니지만 약간의 원유를 포함한 아이스크림은 진짜 우유 아이스크림이라는 정당성을 확보하게 된다. 지금도 여전히 사랑받는 부라보콘의 바닐라향은 우유의 풍미를 깊게 해주었고, 떠먹는 아이스크림 투게더는 한국 최초로 생우유를 넣었다고 대대적으로 광고하며 고급 아이스크림 이미지를 굳혀나갔다. 굳이 태극당을 찾아가지 않아도 전국 어디서나 시원하고 달콤한 아이스크림을 먹을 수 있는 시대가 온 것이다.

피자나 햄버거 등 서구화된 음식 문화에 사람들의 입맛은 변해가고, 화려한 먹거리는 날로 넘쳐난다. 일찌감치 발빠르게 미군에 빵을 조달하며 대량 생산의 기업 체제로 나가거나 거대한 프랜차이즈 사업으로 확장해나간 제과점도 있다. 혹자는 태극당을 두고 시대의 변화를 읽지 못하여 동네 빵집으로 도태되었다고 말할지도 모른다. 그러나 대량 생산, 복제의 시대에 변하지 않으려는 의지로 장인이 선택한 길은 고귀함으로 다가온다. 옛날 방식 그대로 만들어내는 아이스크림에 숭고한 아우라마저 느껴지는 까닭이다.

달콤한 기억 상자를 꺼내며

마르셀 프루스트가 무의식 속에 잠재되어 있던 기억을 끄집어낼 수 있었던 계기는 바로 '마들렌'이었다. 소설 『잃어버린 시간을 찾아서』

에서 주인공 마르셀은 마들렌을 먹는 순간 어린 시절의 기억을 떠올린다. 그리 특별할 것 없는 구움 과자 하나였지만 기억을 불러오는 힘은 꽤 크다. 마들렌의 고소한 향기, 달콤한 맛, 부드러운 촉감, 모든 감각이 기억을 되살려내고, 인간은 기억이라는 행위를 통해 시간의 흐름을 인지하고, 자신의 정체성을 성찰하게 된다.

빵이 주는 기억의 연대는 의외로 강렬하다. '사라다' '로루케익' 등 예전에 사용하던 단어를 그대로 표기한 빵봉지나 분홍 장미꽃 장식이 가득한 버터케이크는 어딘가 촌스러워 보이기도 한다. 하지만 어릴 때는 달기만 해서 그리 좋아하지 않았던 단팥빵도 어른이 되어서야 참맛을 알게 된다. 옛날 방식 그대로 사과잼이 들어간 로루케익은 그래서 정겹다. 한입 베어 문 순간 입안 가득 퍼지는 달콤한 맛은 유년의 기억들을 소환해낸다.

태극당에 유독 어르신 손님들이 많은 것도 익숙한 맛과 추억 때문일 것이다. 그런데 의외로 젊은층도 태극당을 많이 찾는다. 기성세대가 성장해온 시절에는 당연한 것이었지만, 그들의 옛 시절의 향수가 젊은층에게는 오히려 낯선 것이 되어 참신한 문화로 다가간다. 태극당은 소위 '뉴트로'라는 신조어와 맞물려 다시 핫플레이스가 되었다. 우직하게 변치 않은 맛은 아날로그 감성을 지키면서 세련됨이라는 이름까지 달게 되었다.

오래된 빵집은 단순히 추억만을 파는 게 아니다. 찻집도 아니고, 다

간식류

태극당 버터케이크 ⓒ 김지선
생크림케이크에 밀려 인기가 떨어졌지만,
태극당을 찾는 손님들은 여전히 버터케이크를 선호한다.

방도 아니고, 카페라는 명칭이 되어버린 만남의 장소에서는 커피가 중심이었다. 빵은 커피에 곁들여 먹는 부속에 불과하다. 반면 오래된 빵집에서는 빵이 중심이 된다. 손님들은 여전히 빵을 먹기 위해 태극당을 찾고, 빵을 먹다가 목 메지 않도록 커피든 우유든 음료수를 주문한다. 오래된 빵집은 오롯이 빵을 위한 공간이다.

오래된 빵집에서 빵을 먹는 손님들 역시 빵에만 집중한다. 커피 한 잔을 주문해놓고 스마트폰을 보거나 노트북을 켜서 작업하는 사람들이 자리를 차지한 요즘 카페의 풍경과는 사뭇 다르다. 손님들은 빵을 먹으며 옛 추억을 떠올린다. 온전히 빵의 맛에 감각을 기울이고, 함께 온 지인들과 얼굴을 마주보며 대화에 몰두한다. 대화란 시간의 연속성을 공유하고, 스스로 치유하며 삶을 풍요롭게 만드는 일이다. 사소한 빵 하나, 오래된 동네 빵집이 우리에게 주는 울림과 감동은 이토록 크다.

김지선 ◆ 동국대학교 중어중문학과 교수

이화여자대학교 중어중문학과를 졸업하고 동대학원에서 석사학위를, 고려대학교 중어중문학과에서 박사학위를 받았다. 중국 고전소설에 기반한 상상력, 스토리텔링, 문화콘텐츠 등 관련 연구를 하고 있다. 저서로 『수신기, 괴담의 문화사』 『붉은 누각의 꿈』(공저) 『중화미각』(공저) 등이 있고, 역서로 『신이경』 『열녀전』 『부생육기』 등이 있다.

현(絃) 위의 인생

커피

간식류

커피의 그윽함과 카페인의 또렷함

현玄, 커피를 내려 잔에 담고 물끄러미 들여다보고 있으면 떠오르는 글자다. 하늘 천天, 땅 지地, 가물 현玄. 천자문의 세번째 글자 '현'은 뜻이 일반적으로 '검다'로 알려졌지만, 정확히는 '가물다'를 의미한다. 하늘과 땅 사이에 드리운 아득하고 거무스름한 상태를 말한다. 인상파 화가가 세상 모든 색으로 점을 찍어 표현한 묵직하고 그윽한 어두움 같이 말이다. 커피는 검은색이 아니고, 가문 색이다.

커피는 사람의 정신을 맑게 하고 마음을 들뜨게 한다. 카페인 성분이 들어 있기 때문이다. 이슬람의 수도사들도, 나폴레옹 같은 군인과 권력자들도, 프랑스 혁명가들과 영국 계몽가들도 커피를 마시며 각성 효과를 얻었다. 그리고 사람들과 어울려 커피를 마시며 세상을 볼 수 있는 지식과 지혜도 얻었다. 어찌 보면 커피는 현실에 안주하지 않고 희망을 품고 미래를 꿈꾸며 새로운 세상으로 나아가는 길을 열어준 셈이다. 이 커피는 한국에 들어온 뒤 영욕의 근현대를 거치며 서울 종로 일대와도 동거동락했던 음료다.

커피의 유혹에 넘어간 고종과 나무꾼

고종은 근대의 신문물 커피를 접하자마자 빠져들어 일상에서 커피를 즐겼다. 그는 근대 문명의 세계 지각 변동 속에서 거창한 타이틀만큼이나 파란만장한 삶을 살았던 사람이다. 그가 커피 맛에 푹 빠진 결정적인 계기는 명성황후가 일본에 시해당한 후 감행했던 아관파천이라고 추측해볼 수 있다. 고종은 정동 러시아공사관에 머물면서 공사 카를 베베르의 추천으로 조선 궁내부 소속 황실전례관에서 외국인 접대 업무를 맡았던 독일계 프랑스인 마리 앙투아네트 손탁이 올리는 커피를 마셨다. 이때 마셨던 커피는 설탕과 크림을 넣은 카페 아인슈페너Caffè Einspänner나 파리제Pharisäer 같은 독일식 커피 내지는 커피 가루로 만든 심을 넣은 각설탕을 뜨거운 물에 풀어 마시는 고체 커피였을 것으로 보인다.

카페인이 든 다디달고 고소한 커피는 고종에게 죽음을 각오할 정도

간식류

손탁호텔 내부. 손탁호텔에서 발행한 우편엽서. 국립민속박물관 소장.

로 치명적인 유혹이었다. 고종은 명성황후의 죽음 이후 살해 위협 때문에 극심하게 불안해했고 불면증에 시달렸다. 게다가 당뇨병을 앓고 있었기 때문에 커피는 그의 건강을 악화시키는 원흉이 되었다. 게다가 고종이 커피 마니아라는 사실이 황실의 비밀 아닌 비밀로 떠돌면서 자연스럽게 죽음의 위험에 노출되기도 했다. 중국 황제들이 독살을 피하기 위해 자신의 식성을 철저히 감춰왔음을 볼 때 고종의 커피 독살 미수 사건은 이미 예견된 일이었다.

1898년 고종의 마흔여섯번째 생일, 대한제국을 개국한 뒤 새 나라 건설에 한창이던 고종과 황세자를 겨냥한 암살 사건이 일어났다. 황

현의 『매천야록梅泉野錄』에 따르면, 러시아어를 잘해 고종의 총애를 받던 역관 김홍륙이 거액의 금전을 착복해 흑산도로 유배를 가게 되자, 이에 앙심을 품고 궁중 요리사를 매수해 커피에 아편을 넣어 고종을 독살하려 했다고 한다. 다행히 고종은 목숨을 건졌는데, 그런 일을 겪었음에도 그의 지독한 커피 사랑은 계속되었다. 고종의 커피 독살 미수 사건은 부국강병한 근대 독립 국가로의 발전과 변혁을 꿈꾸던 고종의 희망이 물거품처럼 사라질 거라는 사실을 암시하는 불길한 전조였을지도 모른다. 결국 대한제국은 단명했고, 고종은 대한제국을 상징했던 덕수궁에서 폐위되었다.

커피는 지고무상한 황제뿐 아니라 저잣거리를 오가는 무지렁이 나무꾼에게도 유혹의 손길을 뻗었다. 프랑스인 폴 앙투안 플레상은 1900년 파리에서 개최했던 세계 만국박람회 조선관을 관람한 뒤, 근대화의 자장에 아직 편입하지 못하고 낙후한 조선이 기회의 땅임을 본능적으로 포착한다. 누가 짐작이라도 했을까. 파란 눈의 이십대 청년이 커피로 20세기 초 경성을 떠들썩하게 만들 줄을.

1902년 플레상은 한양에 와서 돈이 될 만한 사업 아이템을 모색하다 땔감과 숯을 취급하는 시탄柴炭 장사를 하기로 마음먹었다. 이 장사는 사람들의 생필품을 다루면서도 생산 없이 유통만으로 돈을 벌 수 있는 사업이었기 때문이다. 그런데 당시 한양 성내에서는 장작왕 최순영이 시탄업계를 거의 독점하고 있어 이를 뚫기가 여간 어렵지 않았다는 게 문제였다.

플레상은 철저한 현지화와 함께 외국의 신문물을 활용하는 마케팅 전략을 구사했다. 그는 거의 신분 세탁에 가까운 탈바꿈을 시도했다. 부를 가져오는 상서로움을 뜻하는 '부래상富來祥'이라고 이름을 고친 게 조선 상인으로의 변신을 과시하는 확실한 증거였다. 조선 사람 부래상이 된 그는 매일같이 도성 밖 고양에서 장작을 채집해 한양으로 들어오는 나무꾼들을 기다렸다. 한양으로 들어오는 길목인 자하문과 무악재를 넘은 나무꾼들이 황톳마루(지금의 종로 세종로 사거리)에 이르면, 그는 서투른 조선말로 "저는 고양 부씨입니다"라고 인사를 건네며 보온병에 담아온 공짜 커피를 대접했다. 부래상의 커피를 마시며 한숨을 돌린 나무꾼들은 자연스럽게 그와 땔감 거래를 시작했다. 그렇게 하여 그는 얼마 지나지 않아 한양의 전체 시탄장을 모조리 장악할 수 있었다. 그가 타온 커피는 나무꾼들의 마음을 얻기 위한 비밀병기로서, 분명 달콤한 설탕과 크림이 듬뿍 들어가 있었을 것이다.

육체적으로 피로한 나무꾼들에게 플레상의 커피는 쉽사리 무시할 수 없는 크나큰 유혹이었다. 커피의 구수하고 달짝지근한 맛과 카페인의 각성 효과, 황제도 마시는 서양에서 들어온 귀한 박래품을 마신다는 설렘까지, 그 어느 하나 놓치고 싶지 않았을 것이다. 사업 수완이 좋았던 플레상은 이후 연탄 제조 판매, 석유 난방 물품 사업, 화장품과 향수 사업 등에서도 큰 성공을 거두었으며, 재조선 외국인 가운데 가장 큰 부를 축적하고 네덜란드 명예총영사까지 지냈다. 하늘 높은 줄 모르고 승승장구하던 그는 1939년 거액의 탈세와 온갖 사기 행각으로 추방되었다.

경성의 카페 풍경

1910년 한일강제병합 이후 일본은 대한제국의 수도 한성부를 경성부로 명칭을 바꾸고 경성의 도시 근대화를 위한 정비라는 명분을 내세워 1913년부터 1936년까지 경성시구개수 사업을 실시했다. 그러나 청계천을 기준으로 북쪽 지역, 즉 조선 왕조의 중심지인 광화문과 운종가 일대의 북촌은 사업 진행 과정에서 거의 대부분 배제되었다. 대신 청계천 남쪽에 위치한 일본인 거주 지역이던 남대문, 서대문, 명동, 충무로, 용산 등 남촌에 근대식 도로망과 교통망을 설치하고 곳곳에 호텔, 백화점, 신문사, 공공 기관, 은행, 학교, 기차역 등 갖가지 근대 건축물을 세웠다. 남촌은 과거 조선의 모습이 완전히 없어지고 근대의 전형적인 메트로폴리탄으로 새롭게 단장되었고, 자본주의 소비 문화와 유흥 문화도 같이 들어오면서 순식간에 경성 전체를 휩쓸었다. 근대의 상징인 커피도 여기에 크게 한몫한다.

경성에서 커피는 가배, 가피차, 양탕국 등으로 불리며, 주로 끽다점喫茶店, 다방, 카페에서 팔렸다. 경성의 카페 역시 남촌과 북촌의 공간적

간식류

영향을 받았다. 일제강점 이후 시간이 갈수록 남촌은 정치, 경제, 사회, 문화의 중심이 되어가는 반면, 북촌은 빈곤, 불결, 무질서, 후진적인 야만의 공간으로 몰락해갔다. 채만식이 쓴 「다방찬茶房讚」을 보면, 이 두 지역에 있는 다방의 문화 수준과 사람들이 이를 대하는 태도를 단적으로 보여주고 있다.

남촌의 다방들은 대개 명곡들을 많이 갖추어두고 걸기도 조백이 있이 걸어 들을 만하지만, 북촌 다방에를 들어서면 음악을 하는 게 아니라 발악을 하는 그놈 재즈에, 신경이 가라앉기는커녕 오히려 정신이 나갈 지경이다. 지어至於 북촌 다방 인종의 품에 이르러서는 오늘 조선의 가장 부끄러움의 하나를 여실히 노출시킨 감이 없지 않다. 방금 양복점의 진열창에서 뛰어나온 듯싶은 말쑥말쑥한 서방님네들이다. 그들은 다방마다 패패 들어앉아서 떠들고 지껄이고 펄럭거리고 하품을 하고 몸을 비비 꼬고, 그러다가는 다음 다방으로 옮아 앉고, 이 짓으로 겨우 하루해를 지운다. 밤이 늦어서는 취해가지고 와서 웨이터와 희악질을 하고 계집에게서 오는 전화통에 매달려 떨어질 줄을 모른다. 그런데 잔상히 못난 것은, 그들이 남촌 다방에를 가서는 감히 썻은 듯이 점잖아진다.

남촌의 카페는 일본의 근대 선진자본의 전시장처럼 세련되고 고급

1930년대 서울 남산에서 바라본 서울시가 채색 엽서
ⓒ 부경근대사료연구소, 한국저작권위원회, 공유마당

스러운 분위기였으며 음악마저도 유성기에서 고상한 서양 클래식과 세레나데가 흘러나왔다. 경성 속의 경성이었다. 반면 북촌의 카페는 퇴락한 조선의 전통 위에다 생계를 위해 근대를 억지로 덧붙인 형태로 바뀌어가고 있었다. "종로 카페거리"(마면생, 「좀먹는 문화도시文化都市!! 대경성大京城의 두통頭痛거리, 거리의 '깽그' 삼대폭력단三大暴力團 해부기解剖記」『별건곤』제71호)의 시작이라 할 수 있는 다동 일대의 다방도 북촌 카페의 한 축으로 자리를 잡았다.

다동은 조선시대에는 다방골, 일제강점기에는 '다옥정'이라 불렸다.

1920년대까지도 이곳에는 다모가 차를 달여 손님을 접대하는 접객업으로서의 전통 다방이 남아 있었다. 또 1913년 다동기생조합이 결성될 정도로 활동하는 기생이 많아 자연히 술집과 요식업소, 그리고 다방 등이 몰려 있는 유흥지이기도 했다. 이들은 1920년대부터 생계를 위해 운영해오던 기존의 전통 다방을 근대식 다방으로 바꾸어 영업하기 시작했다. 또 요식업장이나 유흥업장을 운영하던 이들은 아예 업장을 근대식 다방이나 카페로 바꾸고 새로 문을 열기도 했다. 다방과 카페는 다동뿐 아니라 근처 무교동, 관수동, 을지로 등지까지 골목마다 즐비했다. 다방골의 다방들은 남촌과는 사뭇 다른 분위기로 밤늦게까지 영업했고, 다방뿐 아니라 다른 유흥업장도 늦은 밤까지 장사를 했다. 그러니 당연히 이 지역에서 일하는 사람들은 늦게 자고 늦게 일어나는 생활을 할 수밖에 없었다. 늦잠 자는 것을 비유적으로 이르는 말인 '다방골잠'은 여기에서 유래했다.

'모뽀모걸'과 한 잔의 허영

커피는 원두의 국내 유입 초기부터 지금까지 대부분 수입에 의존하는 음료다. 그러니 자연히 늘 사치재에 속해왔다. 개화기 때는 황제, 귀족, 외교관, 선교사, 고위층 국내 인사와 같은 특별한 계층만이 커피를 마실 수 있었다. 그러다가 1920년대에 들어서면서 경성에 음식점과 카페가 늘어나 커피 소비도 증가하게 된다. 이곳을 드나든 사람들은 문인, 예술가, 배우, 사업가, 학생, 기자 같은 엘리트 지식인들, 그리고 근대 신문화의 추종자였던 모던보이와 모던걸 등이다. 이들이 다니던 카페는 남촌의 카페 혹은 이와 비슷한 분위기의 북촌 카페였다. 다동 일대의 다방과 또다른 축을 이루는 북촌의 카페는 주로 종로와 인사동에 모여 있었다.

「모던뽀이의 산보」,
조선일보, 1928. 2. 7. 기사.

모던보이와 모던걸은 자본주의 소비 문화에 흠뻑 빠져 식민지 경성의 근대 유흥가를 홀린듯이 돌아다녔다. 그들에게 커피는 단순한 음료가 아니라 카페라는 곳에서 커피 마시는 자신의 모습을 남에게 보이기 위한 과시재이기도 했다. 이때도 "커피를 마시는 기분을 파는"(유진오, 「현대적 다방이란」 『조광』, 1938.6) 카페 문턱은 여전히 낮지 않았다. 이곳에

여성선전시대가 오면(5).
조선일보, 1930.1.16. 기사.

드나드는 모던걸이나 모던보이는 대부분 서울의 근대 신식 학교에서 공부하며 그럴싸하게 꾸미고 다니지만, 실제로는 다 허물어져가는 초가집에 살 정도로 가난에 찌들어 있었다. 모두 허영을 꾹꾹 눌러 담은 헛된 희망 같은 비싸고 달콤한 커피를 마시기 위해 텅 빈 주머니 속사정으로 마음 졸이고 손을 덜덜 떨며 커피값을 지불했을 터다.

> 양말 구멍이 뚫어지면 지어 신는다. 그러나 애인을 찾아가게 되는 경우에는 지어 신을 수 있는 양말이라도 벗어버리고 새 양말을 사 신는다. 여기에 비로소 경제 문제가 발달된다. (중략)
> 애인을 만나 어떻게 놀까. 여기에 비로소 대단한 계획이 세워지게 됩니다. 그때에는 무엇보다도 먼저 주머니 속에 든 돈과 상의를 해야 합니다. 돈은 웬 돈이겠는가. 전당도 잡힙니다. 월수도 얻습니다. 어머니 주머니도 털고 심하면 아내의 한 푼 두 푼 모아둔 벙어리도 깨트려가지고 나서게 됩니다. 그러면 돈이 얼마나 있어야 되는가. 나는 상중하로 계급을 나누어 신춘 경제학 강화를 마치고 자랑합니다. (중략) 일 원 가지고 애인과 봄날 하루를 즐기기는 정말 한심합니다. 곧 입고 있는 양복이라도 벗어 잡히고 싶지요.

『별건곤』(제51호, 1932)에 실린 이서구의 「모뽀모걸의 신춘행락 경제학」속 어느 모던보이의 데이트 광경은 허영으로 망가져가는 젊은

이의 모습을 잘 묘사해주고 있다. 우리에게 「메밀꽃 필 무렵」이란 향토적인 색채의 작품으로 잘 알려진 작가 이효석도 스케일이 남달랐던 모던보이였다. 그는 경성제대 영문과 출신답게 서구 문화에 쏙 빠졌던 '버터 냄새 나는 작가'였다. 젊은 시절 그는 스스로 가난뱅이 작가라고 자조할 정도로 집안 형편이 어려웠지만 매우 취향이 고급스러운 열렬한 문화예술 애호가였다. 이효석은 원두커피에 열광해 좋은 원두를 구하기 위해서라면 먼길을 마다않고 수시로 국경을 넘나들던 커피 마니아였다. 또 경성관현악단의 실황 공연을 라디오로 듣는 걸로 모자라 모스크바악단의 공연을 들으러 하얼빈까지 기차를 타고 갈 정도로 서양 음악에 심취한 클래식광이기도 했다. 미루어 짐작건대 하얼빈에 도착해서도 원두커피가 가장 맛있는 카페를 찾아 헤맸으리라.

절망 속에선, 그래도 커피

일제강점기 지식인으로서 처절한 절망과 무기력에 빠졌던 작가 이상에게 커피는 마음을 달래주는 '한 잔의 위로'였다. 그의 소설 「날개」에는 경성역에 가서 쓰디쓴 세상살이의 고통을 커피와 함께 삼키는 장면이 나온다. 그는 여기에서 더 나아가 말이 통하는 이들과 함께 희망을 도모하기 위해 직접 카페까지 차려 다양한 활동을 했다. 그가 열었던 모든 카페가 영업 부진으로 짧은 기간 동안 개업과 폐점을 반복

간식류

명동 모나리자 다방 앞에서, 서울역사박물관 소장
해방 후 명동에서는 화가, 문인, 가수, 배우 같은
문화예술계 인사들이 다방에서 어울리곤 했다.

한 걸로 봐선 역시 생계는 핑계였던 거다.

 근현대 한반도의 모든 질풍노도를 온몸으로 받아 제 몸뚱이 하나 건사하기 힘들었던 시인 천상병에게도 소소하게나마 삶의 희망이 필요했다. 커피 한 잔은 그런 그에게 행복이라 위안 삼으며 암울한 현실의 질곡을 살아내고자 몸부림치는 매개였으리라. 시인은 친구의 동생인 목순옥과 늦은 결혼 후에도 가난에 시달리며 어렵게 살았다. 그의 부인은 생계를 꾸리기 위해 남편의 친구인 강태열 시인의 도움을 얻어 1985년 종로 인사동에 찻집 '귀천'을 열었다. 그도 그곳에서 매일 혼자 또는 지인들과 함께 담소를 나누면서 커피 한 잔으로 풍진 삶을 아름다운 이 세상 소풍으로 승화하며 살다 하늘로 돌아갔다.

코로나로 전 세계가 깊은 절망에 있을 때도 커피가 크나큰 위안이 되었다. 집은 1인 홈카페로 변신해 나만의 커피를 만들어 즐기는 장소가 되었고, 빨리빨리 문화의 대명사였던 한국인들이 너나 할 것 없이 최소 천 번은 저어야 제맛을 내는 달고나커피를 만들어 SNS에 올리며 전 세계에 유행하게 만들었다.

늘 그렇듯, 커피는 언제 끝날지 모를 세상과의 갈등과 좌절 속에서 뜻밖의 삶의 방식과 인연을 선물해준다. 커피, 좋다!

정유선 ◆ 상명대학교 계당교양교육원 교수

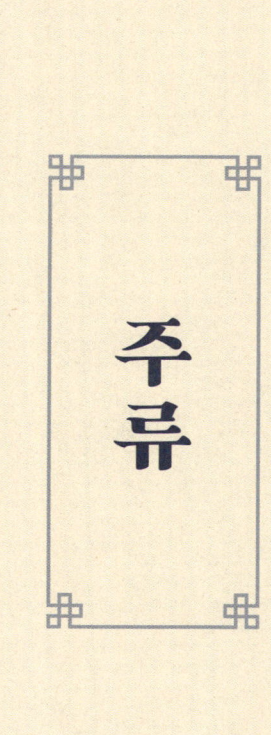

주류

서울장수막걸리

막걸리를 빼고 서울의 봄을 논하지 말라

막걸리야 누가 너를 만들었는지/ 한 잔으로 온갖 시름 사라지누나.

—두보杜甫, 「낙일落日」

임금님도 푹 빠진 조선의 한양 막걸리

막걸리는 그 역사가 유구하다. 삼국시대에 이미 막걸리는 흔한 술이었고 빚는 기술도 상당히 축적되어 있었다. 백제인 인번이 양조 기술을 일본에 전파해, 천황이 그 술을 마시고는 덩실덩실 춤을 춘 뒤 인번을 술의 신으로 모셨다는 기록이 전해질 정도다. 술 잘 빚는 고구려 여인이 담근 막걸리가 맛좋은 술로 손꼽힌다는 옛 기록이 중국에 전해 내려오는가 하면, 당나라 시인 이상은은 쌀로 빚은 "신라 술 한 잔의 기운이 새벽바람에 사라질까 두렵네"라 노래하기도 했다. 곡물과 누룩, 물이 주원료인 탁주를 빚는 전통은 특히 쌀을 주식으로 하는 아시아 여러 나라에서 오랫동안 문화적 공통분모였지만 우리의 막걸리처럼 탁주가 지금까지 대중적 술로 다채롭게 향유되는 나라는 없다.

서울의 막걸리로 범위를 좁히면 조선시대를 지나칠 수 없다. 당시의 수도 한양은 조선 술의 메카였다. 특히 조선 후기의 한양에는 술집이 넘쳐났다. 성호 이익은 한양 큰 거리의 상점 중 절반이 술집이라고 말했을 정도다. 술집들은 밤이면 주등酒燈을 밝혔고, 그 불빛은 휘황한 물결을 이루었으니 말 그대로 불야성이었다. 그중에서도 늘 사람이 구름처럼 모여든다 해서 운종가라 불린 종로 일대의 뒷골목은 술꾼들의 막걸리 '힙지'였다. 18세기 이름난 술도가이자 술집인 군칠이집은 그중에서도 가장 핫플레이스였다. 명성이 자자해지면서 여기저기 분점이 생겨나고 나중에는 그 이름만 딴 집까지 우후죽순 등장하면서 술집의 대명사가 됐다고 하니 국내 프랜차이즈 맛집의 원조 격이었다 할 만하다.

권세가들은 대개 청주나 소주 같은 맑은 고급술을 즐겼지만, 중간층 이하는 주로 탁한 막걸리를 마셨다. 그들은 서서 마시는 목로주점에서 탕류나 간단한 어육 안주에 잔술로 심신을 달래며 이런저런 소식을 주고받고 때로는 농을 치기도 하며 술을 삶의 위안과 즐거움으

신윤복, 〈주사거배酒肆擧盃〉, 간송미술관 소장.
조선 후기 고급 선술집 풍경.

로 삼곤 했다. 이 시절 집마다 서로 다른 손맛으로 담았던 막걸리는 애주가들의 발길을 기다리며 늘 제각기 맛있게 익어갔다.

한양 막걸리 하면 이문안 막걸리를 빼놓을 수 없다. 평민의 삶을 살던 철종이 왕위에 오른 후 유독 그 입맛을 만족시킨 게 바로 이문안 술국집에서 빚은 막걸리였던 까닭이다. 지금의 종로타워 안쪽 골목은 당시에는 설렁탕과 막걸리로 이름난 곳이었다. 현존 노포 이문설렁탕의 옛터 부근에 있었을 이 술집은 장안 최고라 할 만큼 막걸리 맛이 일품이었다고 한다. 왕의 사랑을 받은 이 막걸리는 때마다 진상되었고, 덕분에 그 주인은 선달 벼슬까지 하사받아 가게 이름도 선달집으로 불렸다고 한다. 이후 일제강점기까지 선달집은 술도가로 명성을 이어갔다.

나라 잃은 설움을 달랜 경성의 막걸리

일본에 국권을 빼앗기면서 서울의 문화 지형도에 큰 변화가 생겼다. 본디 가난한 선비들이 살던 청계천 남쪽(남촌)에 일본인이 대거 이주하면서, 명동과 충무로 일대가 번화한 근대식 상업 중심지로 탈바꿈한 것이다. 반면 조선 1번지 종로통의 위상은 흔들렸다.

북촌으로 불리던 청계천 북쪽 일대는 남루한 지역으로 전락하긴 했지만, 식민지 조선인의 주요 활동 무대로 생명을 이어갔다. 남촌을 중심으로 새로이 등장한 화려한 요리옥, 바, 카페 등과 대비되는 종로 뒷골목 술집들은 사람 냄새 나는 조선인의 위안처였다. 이 시기에는 조선 말부터 성행한 목로주점의 명맥을 잇는 선술집들이 유행했다. 그 중심은 역시 종로 뒷골목인 피맛골이었다. 조선인들은 그 일대 술집에 모여들어 막걸리를 들이켜며 잠시나마 설움과 울분을 씻어내곤 했다.

현진건의 『운수 좋은 날』에 묘사된 선술집 풍경에서 당시 조선 민중들이 막걸리 마시던 모습을 엿볼 수 있다.

선술집은 훈훈하고 뜨뜻하였다. 추어탕 끓이는 솥뚜껑을 열 적마다 뭉게뭉게 떠오르는 흰 김, 석쇠에서 뻐지짓뻐지짓 구워지는 너비아니구이며 제육이며 간이며 콩팥이며 북어며 빈대떡…… (중략) 데우던 막걸리 곱배기 두 잔이 더웠다. 치삼이와 같이 마시자 원원이 비었던 속이라 찌르르 하고 창자에 퍼지며 얼굴이 화끈하였다. 눌러 곱배기 한 잔을 또 마셨다.

경성의 조선인들에게 막걸리는 식민 치하에서 인고와 저항의 버팀목이었다. 현진건은 이 시대를 '술 권하는 사회'로 비유했는데 그 말처럼 술 없이는 그 '몹쓸 사회'에서의 삶을 감내하기 어려웠을 것이다. 선술집에서 취흥이 오르면 사람들은 젓가락 장단에 맞춰 〈홍도야 우지 마라〉 같은 당시 국민가요를 목청 높여 부르며 저항심을 분출하곤

20세기 초 선술집 풍경.
조선일보 1924.12.28. 기사.

했다. 그런가 하면 이문안 선달집은 3·1운동 때, 그리고 손기정이 올림픽에서 마라톤 우승을 했을 때 종로 큰길에 술독을 내와 누구나 마실 수 있게 하며 겨레 사랑을 실천하기도 했다.

한편 일본은 한반도에 주세법을 도입했다. 법령은 차츰 강화되었고, 면허를 받은 양조장에서만 술을 생산할 수 있었다. 세수 확보를 위한 일제의 정책 탓에 개성 있는 하우스 막걸리 중심에서 양조 공장의 획일적인 대규모 생산으로 변화된 것이다. 이는 결국 셀 수 없이 다양했던 전통주의 단절을 의미했다.

이런 분위기 속에서 경성에 막걸리 양조장들이 생겨났다. 예로부터 이름난 술도가들이 모여 있던 중림동에 1906년 세워진 중림양조소가 경성 최초의 양조장이었다. 1909년에는 지금 무교동의 더익스체인

주류

무교양조장 간판,
서울탁주제조협회 소장.

지서울 자리에 무교양조장이 들어섰다. 1932년에는 추탕 노포 용금옥이 그 담장 옆으로 들어서기도 했다. 해방 후 일이지만, 밀주를 단속하던 시기 담장을 뚫고 호스로 연결해 막걸리를 받아 팔았던 일이 전설처럼 남아 있는 집이다. 그 밖에도 많은 양조장이 생겨났지만, 이런 초기 양조장들이 지금의 장수막걸리 탄생에 중요한 밑바탕이 되었다. 100년 이상 역사를 이어온 셈이지만, 아이러니하게도 그 태동은 일제의 주세법 시행과 일본의 영향을 받은 양조 공장의 설립과 맥을 같이한 것이다.

춘래불사춘의 시대, 민중과 함께한 서울 막걸리

빼앗긴 들에도 끝내 봄은 오는구나 싶었다. 하지만 광복 이후에도 좌우 이념 갈등, 전쟁과 분단, 독재로 이어진 현실 속에서 민중의 고달픈 삶과 힘겨운 저항은 계속되었다. 이 어두운 시기를 견디게 해준 술 역시 막걸리였다. 1970년대까지 막걸리는 소비량에서 압도적인 주종이었고, 1980년대 중반까지도 출고량 1위를 유지했다. 이 시기 막걸리는 진정한 서울의 봄을 위한 항거의 상징으로서 민중과 민주의 술이자 산업화의 그늘진 이면을 다독여준 노동주였다.

이 무렵에는 일제강점기 선술집의 계보를 잇는 대폿집이 대세를 이뤘다. 큰 잔을 뜻하는 대포에 막걸리를 그득 담아 마시던 시절이었다. 양은 주전자와 술잔, '도라무깡'이라 불린 드럼통에 연탄 화로를 장착한 원형 탁자, 미닫이 창문에 빨간색으로 '왕대포'라 쓴 글씨는 대폿집의 흔한 풍경이었다. 해방 후 미군 부대에서 흘러나온 드럼통을 재활용한 테이블은 시대의 굴곡을 증언하는 하나의 상징물이기도 했다.

이름난 대폿집도 많았다. 배우 최불암의 모친이 문을 연 명동의 막걸릿집 은성은 1950년대 '명동 백작'이라 불린 이봉구를 비롯해 기라성 같은 문인, 예술가들의 아지트였다. 1960년대 광화문의 대머리집은 조지훈을 위시한 문인, 기자, 배우 들의 사랑방이었다. 빼곡히 적힌 이 집의 외상장부는 이제 서울역사박물관의 소장품으로 남아 있다. 오랜 세월 피맛골을 지켰던 열차집, 청일집은 재개발에 밀려 터는 옮겼지만 지금껏 명

1960년대 초 대폿집 풍경.
경향신문 1962. 4. 21. 기사 사진.

맥을 이어가는 소중한 노포들이다.

  소설가 이봉구는 싸구려 대포가 한 잔 두 잔 들어가면 세상은 모두 그게 그거고 밤이 깊어도 아침은 오게 마련이라며 그 시절 대폿집에 대한 단상을 남긴 바 있다. 대포 한 잔에 세상의 경계가 허물어지는 곳, 시대의 어둠을 견디며 새벽이 오기를 꿈꾸던 곳. 당시 서울의 많은 이들에게 대폿집은 그런 공간이었으리라.

  1960년대 이후 또다른 막걸리 성지가 생겨나기 시작했다. 4·19세대들이 모여 명동에서 처음 문을 연 학사주점이 그 시초다. 대폿집의 새로운 변주라 할 학사주점은 차츰 일반명사화되어 지식인과 대학생이 모여 잔을 기울이며 시국과 문학, 인생을 논하는 공간으로 자리잡았다. 이후 대학가 주점, 민속주점 등이 그 뒤를 이으며 번져갔다. 민주화운동이 고조되던 시기 이런 주점들은 지식층들과 대학생들의 피난처이자 해방구요, 애환어린 놀이터였다.

  이 시절 막걸리 맛은 지금과는 사뭇 달랐다. 쌀막걸리가 아닌 밀막걸리였기 때문이다. 한국전쟁 이후 만성적 식량난 탓에 1963년부터 쌀막걸리 제조가 금지됐다. 대신 주재료로 미국에서 대량으로 들여온 잉여 농산물인 밀가루가 쓰였다. 쌀막걸리가 제한적으로나마 다시 허용된 것이 1990년이니, 근 30년간 밀막걸리 외에 다른 선택지가 없었다. 당시 막걸리는 요즘 막걸리에 비해 색이 짙고 텁텁하며, 단맛이 적고 신맛이 강하며 탄산감도 낮았다. 발효 상태가 안 좋은 막걸리가 유

1960~70년대 서울탁주 연합제조장. 서울탁주제조협회 소장.

통되는가 하면, 신맛을 잡기 위해 사카린 등 감미료가 사용되기 시작했고, 속성 주조를 위해 카바이드 같은 화학물질을 쓴다는 등 의혹도 끊이지 않았다. 이때 막걸리가 종래의 전통과 가장 거리가 멀어졌다. 암울한 시절, 막걸리도 함께 어두운 역사를 겪어온 셈이다.

서울막걸리는 이런 현실을 딛고 성장해나갔다. 1962년, 구한말부터 명맥을 이어온 양조소들을 포함한 51개 양조장이 연합해 서울주조협회(현 서울탁주제조협회)를 결성했다. 국내에서 가장 크고 오래된 브랜드 막걸리 탄생의 신호탄이었다. 설립 초기 연합제조장은 열두 곳이었으나 후에 여섯 군데 제조장(구로·강동·서부·도봉·성동·태릉)으로 통합되었다.

주류

서울탁주 용기 변천사. 서울탁주제조협회 소장.

서울막걸리는 삼륜차 탱크로리, 플라스틱 말통 등으로 유통하던 기존 방식에서 벗어나 최초로 페트 용기를 도입하여 유통 과정을 혁신함으로써, 위생과 신선도를 높이는 등 노력을 기울였다. 효모와 유산균이 살아 있는 생막걸리의 특성상 이런 시도는 고무적이었다. 제조장마다 맛은 각각 달랐지만, 막걸리의 맛과 품질 개선을 위한 꾸준한 노력은 이내 국내 표준으로 자리잡아갔다.

할매니얼 시대 K-막걸리의 대표, 장수막걸리

서울의 봄은 마침내 도래했다. 하지만 공교롭게도 정치적 민주화가 시작된 1980년대 후반 이후 막걸리는 맥주, 소주 등에 밀리다가 올드한 '아재 술'로 전락하기에 이른다. 그러다가 2000년대 들어 재조명되면서 막걸리의 새 전성기를 향해 나아가고 있다. 쌀막걸리의 부활, 규제 완화와 함께 시작된 생산자 간의 본격적인 경쟁, 일본에서 일어난 한류의 영향이 몰고 온 뜻밖의 인기, 막걸리 효능의 재발견, 레트로한 감성을 추구하는 트렌드 등에 힘입은 흐름이었다.

장수막걸리는 1990년대 중반부터 생산 설비를 현대화하고 제조 방식을 개선하며 레시피를 통일하는 등 여러 노력을 기울여 맛과 신선도를 크게 높였다. 뽀얀 색감, 따를 때 들리는 시원한 촤아 소리, 부드러운 보디감, 적절한 산미를 품은 달크무레함, 쌉싸래한 듯 은은한 곡향, 깔끔한 뒷맛에다 상쾌한 여운까지. 장수생막걸리는 오감으로 즐길 수 있는 술로 재탄생했다. 장수생막걸리 최고의 미덕은 '방금 막 거른 술' 막걸리의 생명인 신선함을 보장한다는 점이다. 가히 막걸리계의 청량음료라 할 만하다.

장수막걸리는 시장 점유율에서 압도적 1위를 자랑한다. 그야말로 국민 막걸리다. 또 술로는 처음으로 서울미래문화유산으로 지정되어 서울을 대표하는 문화 상징으로 자리잡았다. 대한민국명품주 수상 등 여러 타이틀도 다수 거머쥐었다. 글로벌시장에서도 K-막걸리의 대표로 활약하고 있음은 물론이다. 최근에는 다양한 맛을 가미한 막걸리를 비롯 각양각색의 변주를 시도하며 낡은 이미지에서 벗어나고 있다.

물론 아직 가야 할 길이 멀다. 대량 생산과 낮은 가격 유지를 위해 여전히 일본식 발효제를 쓰는 점, 수입 쌀에 많이 기대는 점, 인공감미료와 첨가물을 사용하는 점 등 아쉬운 부분이 적지 않다. 시장 현실에서 기인한 생산자와 소비자 간 '타협'의 산물이지만, 전통적인 방식의 막걸리와는 적잖은 거리가 있는 것이다. 이런 점들은 앞으로 함께 풀어나가야 할 과제다.

막걸리는 굴곡진 근현대사의 주무대이자 조선 팔도의 멜팅팟인 서울에 발붙이고 살아온 사람들과 함께한 위로의 술이었다. 시인 천상병이 고문 후유증으로 치아가 상해 막걸리로 밥을 대신하는 와중에도 막걸리를 '하느님의 은총'이라 찬미한 것 역시 그 때문이었으리라. 서울의 막걸리는 또 어떤 역사를 만들어나갈까. 예로부터 현자에 비유되던 막걸리이니만큼, 유구한 탁주의 전통을 슬기롭게 이어 '오래된 미래'를 열어나가길 기대해본다.

김효민 ◆ 고려대학교 세종캠퍼스 중국학전공 교수

고려대학교 중어중문학과를 졸업하고 중국 베이징대학교 중문과에서 박사학위를 받았다. 사회문화적 시각 및 한중 비교문화적 관점에서 전통시기 중국의 서사를 주로 연구하고 있다. 저서로 『수호전, 별에서 온 영웅들의 이야기』 『유림외사, 우리들의 일그러진 자화상』 『중국인의 밥상』(공저) 등, 역서로 『의산문답』(공역) 『해동삼유록』(공역) 『명청 시기 중국의 출판과 책 문화』(공역) 등이 있으며, 논문으로는 「과거제도의 관점에서 본 한중소설 시론」 「국내 『서상기』 수용의 몇 가지 특징에 대하여」 등이 있다.

진로소주

네 가지 맛으로 천변만화하는 서민의 술

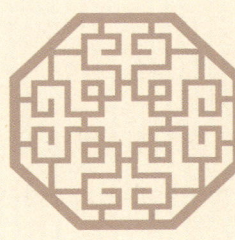

어떤 날은 달고, 어떤 날은 쓰다. 현대식 공법으로 만드는 소주의 성분이야 늘 같을 테니, 그 맛이 날마다 바뀌지는 않을 것이다. 그렇다면 소주 맛은 사람이나 분위기에 따라 달라진다는 말이다. 어렵고 힘든 날은 쓰다못해 매운맛이 감돈다. 즐겁고 뿌듯한 날은 달다못해 물처럼 맑다. 말 그대로 산첨고랄酸甛苦辣이다. 시고 달고 쓰고 매운 맛에 빗대 세상의 온갖 고난을 의미하는 이 사자성어처럼 소주의 맛은 천변만화한다. 세상살이가 그렇다보니 우리는 소주에 인생의 맛을 실어 삼킨다. 그렇게 삼킨 소주는 목을 타고 들어가 때로는 우리를 위로하고, 때로는 우리를 나무라고, 때로는 우리를 흥분하게 한다.

처음 진로를 마시던 날이 아직도 생생하다. 대학원에 막 입학했을 때, 까마득한 선배들 앞에서 잔뜩 긴장한 채로 소주잔을 연거푸 들이 켰다. 입안에 퍼지는 시큼함과 뒤따르는 달달함, 그리고 곧바로 찾아 오는 씁쓸함과 매콤함에 혼란스러웠다. 그 혼란에 곧 익숙해지면서 진로에 대한 애증이 시작됐다. 소주는 술을 넘어서 새로운 경험과 감 정을 불러온 매개체였다. 당시에는 진로의 도수가 높아 한 잔 한 잔도 꽤 부담스러웠다. 그러나 진로를 주고받으며 나눈 웃음과 눈물, 희망 과 좌절 덕에 대학원을 무사히 졸업할 수 있었다.

1924년 세상에 나온 증류주 진로는 당시에는 35도로 높은 도수였 다. 그러다 1965년에 이르러 30도로 낮아졌다. 정부의 식량 부족 해 결 정책에 따라 증류주에서 희석주가 된 탓이다. 알코올 도수를 낮추 는 데도 기술이 필요해 꽤 오랜 시간이 걸렸다. 1973 년에 진로는 다시 25도가 됐고, 이 도수는 진로의 상 징처럼 자리잡았다. 1988 년 '진로眞露'라는 이름을 훈독한 '참이슬'이라는 브 랜드가 등장하면서 도수 는 23도로 낮아졌다. 진로 의 알코올은 그뒤로 조금

1950년대 진로소주 광고, 조선일보, 1954. 3. 29

씩 묽어졌다. 그리고 마침내 16도까지 내려
왔다.

진로소주의 역사는 한국의 현대사를 고
스란히 담고 있다. 1924년 평안남도 용강
군에서 창립한 진천양조상회는 한국전쟁
이 일어나자 부산으로 피난했다. 1954년
상경해 서울 영등포에 다시 자리를 잡고 서
광주조라는 이름으로 진로를 만들었다. 진
로의 상징은 원래 알코올이 들어 있는 과
일을 즐겨 먹는다는 원숭이였다. 그러다
1955년 두꺼비를 상징으로 내세웠다. '떡
두꺼비'가 튼튼한 아들을 일컫는 관용어라
는 데서 착안했다. 두꺼비는 오늘날까지 진
로의 마스코트로 활약하고 있다.

원숭이를 상징으로 내세운
진천양조상회가 만든
진로의 로고 ⓒ 하이트진로

1955년부터 사용된
두꺼비 상징의 진로 로고.
국립한글박물관 소장

진로는 두꺼비 캐릭터를 활용해서 1959
년 우리나라 최초의 흑백 풀 애니메이션 광고를 만들었다. 두꺼비 두
마리와 갑판 위 선원들의 춤사위 속에서 신나는 진로의 CM송이 흘러
나온다. 이 노래는 금세 유행을 타면서 전 국민의 응원가가 되었다. 각
종 체육대회에서 이 노래가 불린 덕에 진로는 체육대회 마케팅을 펼
치기도 했다.

1950년대 한국전쟁 이후, 경제 재건과 함께 소주는 서민의 희망과 좌절을 함께 나누는 술이 되었다. 진로는 개발 도상의 과정에서 한국인의 삶에 깊이 뿌리내렸다. 그렇다고 진로가 처음부터 소주의 대명사였던 건 아니다. 1970년대까지는 전국 각지에서 이백여 개가 넘는 지역 소주 브랜드가 각축을 벌였다. 1976년 박정희 정부는 소주 생산 업체의 과잉 경쟁을 억제하기 위해 각 시도를 대표하는 브랜드를 하나씩만 허가하고 해당 지역에서 주로 소비하게 하는 정책을 시행했다. 이른바 '자도주自道酒'였다.

부산 대선, 경상남도 무학, 경상북도 금복주, 전라남도 보해, 전라북도 보배, 충청북도 대양, 충청남도 선양, 강원도 경월, 제주도 한일 등이 바로 그것이다. 자도주는 이제 옛말이 됐지만, 여전히 지역을 대표하는 소주들은 다양한 브랜딩과 마케팅 전략을 펼치고 있다. 바로 이때 진로는 서울과 경기를 대표하는 소주가 됐다. 진로를 서울의 중심 '종로미각'의 하나로 꼽은 까닭도 이 때문이다.

진로가 처음부터 전국을 사로잡은 건 아니다. 소주의 역사 속에서 이름을 날리다 사라진 브랜드도 있다. 전라남도 목포를 기반으로 삼은 삼학소주는 1960년대까지 전국에서 1위를 차지하던 소주였다. 그러나 삼학소주는 납세증지 위조 사건으로 1973년 부도를 냈다. 당시에는 주류 제조 업체가 세금을 탈루하지 못하도록 술병마다 납세증지를 붙였는데 그 증지를 위조한 혐의로 거액의 벌금을 내면서 결국 도산하고 만 것이다.

진로소주는 다른 브랜드뿐만 아니라 다른 술과도 경쟁해야 했다. 1960~70년대만 해도 한국의 서민은 막걸리를 주로 마셨다. 그러나 쌀로 빚어야 하는 막걸리는 툭하면 난관에 봉착했다. 1963년 박정희 정부는 쌀이 부족하다는 이유로 막걸리를 제조할 때 흰쌀을 쓰지 못하게 했다. 이 때문에 막걸리를 밀로 만들게 되었고, 서민들은 맛이 변한 막걸리 대신 소주를 찾기 시작했다.

당시 소주가 얼마나 인기 있었는지 보여주는 사례가 있다. 1962년 7월 19일 동아일보의 「가짜 '진로'를 압수」라는 기사를 보면 주류 도매상이 가짜로 진로 소주를 열세 병 만들어 그 출처 및 제조원을 추궁했다고 한다.

도매상의 일탈이라고 볼 수도 있지만 진로를 가짜로라도 만들어 팔아야겠다는 욕심을 부리게 된 동기는 분명하다. 이건 어쩌면 소주의 맛이 그때그때 달라서 가능했던 일일지도 모른다. 도매상에게 열세 병이라는 숫자는 다소 귀여운 수준이지만, 진로의 인기를 충분히 가늠하고도 남을 일이다. 1960년대 시장을 확장하기 위해 노력했던 진로는 전국에서 가장 우수한 소주로 선정되기도 했다. 1966년 7월 17일 마산일보는 「최우량주에 진로, 전국우량주전시회서」라는 흥미로운 기사를 전했다.

마산일보 1966. 7. 17. 기사 ⓒ 국사편찬위원회
주당들이 진로를 최우량주로 선정했다는 기사.

66년도 전국 주류품평회를 서울창경원에서 지난 6월 중 전국우량주를 전시하고 전시 마지막날인 26일 주당 백여 명이 참가한 가운데 인기투표를 실시한 결과 최고 우량주로서 (소주는) 진로가 차지함으로써 재무부장관상을 획득하였다 한다.

진로는 이렇게 '주당'의 사랑을 듬뿍 받으면서 성장했다. 아마도 이런 결과는 진로의 공격적인 마케팅 때문일 것이다. 삼학소주에 이어 만년 2위 자리를 면하지 못하던 진로는 1960년대 초부터 다양한 마케팅을 펼쳤다. 1963년 11월 27일 마산일보는 마산시민위안회를 진로소주가 제공한다는 기사를 실었다. 진로소주는 당시 '10만 원 가요대전'의 제공도 꾸준히 담당한 것으로 보인다. 1965년 12월 10일 마산일보에도 비슷한 내용의 기사가 실려 있다.

주류

진로소주회사가 제공하는 마산시민위안회를 문화방송국 주최로 오는 12월 1일 하오 2시 마산무학국민학교 교정에서 갖게 된다. 이 마산시민위안회는 진로소주 금년도 연말 결성 10만 원 가요대전 및 국내 일류 가수와 부산문화방송국 전속가수 마산방송국 어린이합창단 등으로 다채로운 무대 공연이 베풀어질 것이며 현지에서 중계방송이 됨으로 많은 시민의 참석을 바라고 있다.

진로는 희석식 소주다. 희석식이란 증류주가 아니라는 말이다. 증류주가 아니라는 말은 순수한 주정으로만 만들지 않는다는 뜻이다. 희석식 소주는 감자나 고구마 같은 원료에서 추출한 탄수화물을 발효시켜 증류한 뒤 주정을 만들고, 거기에 물과 감미료 등을 섞어서 만든다. 말 그대로 무언가를 섞는다고 해서 '희석식'이라는 말이 붙었다. 소주는 탄수화물이 많이 들어 있는 재료라면 무엇으로든 만들 수 있지만 문제는 원가다. 요즘 진로는 인도네시아에서 나는 카사바를 주로 활용한다. 카사바를 갈면 타피오카 가루가 되고 여기에 감자, 고구마, 옥수수, 쌀 등의 다른 곡류를 섞어 효모를 넣고 발효시킨다.

소주의 '소燒'는 불태운다는 뜻이다, 증류를 통해 주정을 얻기 위해서는 불을 사용해야 하므로 생겨난 이름이다. 알코올의 어원은 아랍어 알쿨Al-kuhl인데, 이 말이 서양으로 건너가 '알코올'이 되었다. 중동에서는 증류주를 '아라크'라고 불렀다. 아라크가 중국으로 넘어가자 한자로 '아랄길阿剌吉' '아리걸阿里乞'이라고 표기했다. 중국에서는 이 말이 원명元明 때 백주(빼갈)를 가리켰다고 전한다. 우리나라 평안북도에서 소주를 아랑주라 부르고 개성에서는 아락주라고 부르는 것도 이런 까닭이다.

소주는 몽골이 고려를 침략했을 때 본격적으로 전해졌다. 몽골군이 주로 주둔했던 개성, 안동, 제주에서 소주가 제조됐다. 『고려사高麗史』 「열전」 제26권에는 우왕 때 경상도 원수인 김진이 소주를 좋아하여 '소주도燒酒徒'가 되었다는 기록이 있다. 한국 문헌에서 '소주'라는 말이 처음 나타난 사례다.

> 이에 앞서 김진이 경상도원수가 되어 도내의 이름난 기생들을 크게 모아놓고 휘하 장사들과 함께 밤낮으로 술을 마시며 놀았다. 김진이 소주燒酒를 좋아하니 군대 내에서 소주도라고 불렸다.

당시 소주는 아무래도 귀한 술이었던 모양이다. 우왕이 "사람들이 검소함을 알지 못하고 사치스럽게 쓰며 재물을 손상시키니, 지금부터는 소주, 화려한 수를 놓은 비단, 금이나 옥으로 만든 그릇 등의 물건은 모두 사용을 금지한다"라는 교서를 내리기도 했으니 말이다.

그런데 오늘날 소주병에 붙은 표시를 보면 소주의 '주'는 그냥 '술 주酒'가 아니라 '진한 술 주酎' 자를 쓴다. 소주는 말 그대로 불을 살라

1950년대 진로소주 광고, 동아일보, 1954. 4. 25

증류를 통해 한 방울씩 정성을 들여 얻어내는 술이기에 진할 수밖에 없다. 소주를 노주露酒나 한주汗酒라고 부르는 까닭도 이 때문이다. 그러나 오늘날까지 '진한 술 주'를 쓰는 것은 일본의 영향이라고 볼 수밖에 없다. 일본 소주가 바로 이 글자를 쓰기 때문이다. 일본에서는 소주를 '쇼추燒酎'라고 부른다. 쌀, 보리, 고구마 등을 발효시켜 증류해서 증류주다.

진로는 1990년대부터 다양한 브랜드와 경쟁하며 참이슬, 후레쉬, 진로 이즈백 등 여러 이름을 달고 변신했다. 그리고 이제는 한류 열풍과 함께 세계로 팔려나가고 있다. 오늘날 소주는 한류 열풍과 함께 연애와 낭만을 상징하는 술로 자리잡았다. 소주는 단순한 술 이상의 의미를 가지게 되었고, 소맥(소주와 맥주), 소사(소주와 사이다), 소콜(소주와 콜라) 등 다양한 변형을 통해 새로운 맛과 즐거움을 선물한다. 소주의 변신은 곧 소주 역사의 천변만화와도 같으며, 그 자체로 변화를 추구하는 서민의 인생을 상징하기도 한다.

이제 소주는 하나의 문화이자 예술이다. 뿐만 아니라 한국인의 정서와 삶을 대변하는 중요한 상징이다. 진로는 이러한 소주의 본질을 잘 담아내면서, 그 역사를 통해 서민의 삶과 함께해왔다. 소주는 단순히 마시는 술이 아니라 삶의 다양한 감정을 불러일으키는 매개체로서, 우리에게 많은 이야기를 전해준다. 진로는 앞으로도 한국인의 삶과 더불어, 우리의 희로애락을 함께 나누는 소중한 존재로 남을 것이다.

임대근 ◆ 한국외국어대학교 디지털콘텐츠학부 교수

한국외국어대학교 대학원에서 중국영화 전공으로 박사학위를 받았다. 현재 한국영화학회 회장과 사단법인 아시아문화콘텐츠연구소 대표를 맡고 있으며, 아시아 대중문화의 초국적 상호작용(한류)과 문화콘텐츠 담론, 정체성과 스토리텔링 등을 연구하고 있다. 저서로 『문화콘텐츠론』 『인간의 무늬』 『착한 중국 나쁜 차이나』 『중화명승』(공저) 『중화미각』(공저) 등이 있고 역서로 『생강로드』 『수신기』(공역) 등이 있다. 최근 개발에 참여한 콘텐츠로 〈대그니티V〉(유튜브) 〈차이나는 무비〉(팟캐스트) 〈쾌인쾌사〉(네이버 오디오클립) 〈3분 차이나〉(YTN 라디오) 등이 있다.

사진 자료 소장처

60쪽 신진시장
본 저작물은 공공누리 제1유형에 따라 공유마당(https://gongu.copyright.or.kr/), 작성자:한기애의 공공저작물을 이용하였습니다.

67쪽 밤의 DDP
본 저작물은 공공누리 제1유형에 따라 공유마당(https://gongu.copyright.or.kr/), 작성자:김재연의 공공저작물을 이용하였습니다.

103쪽 족발
본 저작물은 공공누리 제1유형에 따라 공유마당(https://gongu.copyright.or.kr/), 출처: 한국저작권위원회, 저작권자:채지형의 공공저작물을 이용하였습니다.

106쪽 박문사
본 저작물은 공공누리 제1유형에 따라 공유마당(https://gongu.copyright.or.kr/), 작성자:한국저작권위원회의 공공저작물을 이용하였습니다.

119쪽 1960년대 양계장
본 저작물은 공공누리 제1유형에 따라 전라남도청(https://www.jeonnam.go.kr)의 공공저작물을 이용하였습니다.

120쪽 옛날 시장 통닭
본 저작물은 공공누리 제1유형에 따라 공유마당(https://gongu.copyright.or.kr/), 출처: 한국저작권위원회, 저작권자:채지형의 공공저작물을 이용하였습니다.

120쪽 프라이드치킨과 양념치킨
본 저작물은 공공누리 제1유형에 따라 공공누리(https://www.kogl.or.kr), 출처: 한국농수산식품유통공사의 공공저작물을 이용하였습니다.

123쪽 1971년 대학로 서울대 정문 앞
본 저작물은 공공누리 제1유형에 따라 공유마당(https://gongu.copyright.or.kr/), 출처: 한국저작권위원회, 저작권자:셀수스협동조합의 공공저작물을 이용하였습니다.

123쪽 마로니에공원의 아르코예술극장 전경
본 저작물은 공공누리 제1유형에 따라 근현대사 아카이브(https://archive.much.go.kr/)의 공공저작물을 이용하였습니다.

227쪽 1930년대 서울 남산에서 바라본 서울시가 채색 엽서
본 저작물은 공공누리 제1유형에 따라 공유마당(https://gongu.copyright.or.kr/), 저작권자: 한국저작권위원회, 기여자: 부경근대사료연구소 김한근 소장의 공공저작물을 이용하였습니다.

종로미각
설렁탕부터 떡볶이까지, 전통이 살아 숨쉬는 K-푸드 가이드
ⓒ 정유선 문현선 이유라 외 2025

초판 인쇄 2025년 8월 12일 | **초판 발행** 2025년 8월 20일

지은이 정유선 문현선 이유라 외
책임편집 임혜지 | **편집** 박신양 이희연
디자인 최효정 | **저작권** 박지영 형소진 주은수 오서영 조경은
마케팅 정민호 서지화 한민아 이민경 왕지경 정유진 정경주 김혜원 김예진 이서진
브랜딩 함유지 박민재 이송이 박다솔 조다현 김하연 이준희
제작 강신은 김동욱 이순호 | **인쇄** 더블비 | **제본** 경일제책

펴낸곳 (주)문학동네 | **펴낸이** 김소영
출판등록 1993년 10월 22일 제2003-000045호
주소 10881 경기도 파주시 회동길 210
전자우편 editor@munhak.com
대표전화 031) 955-8888 | **팩스** 031) 955-8455
문학동네카페 http://cafe.naver.com/mhdn | **트위터** @munhakdongne | **인스타그램** @munhakdongne
북클럽문학동네 http://bookclubmunhak.com

ISBN 979-11-416-1260-3 03900

* 이 책의 판권은 지은이와 문학동네에 있습니다.
  이 책 내용의 전부 또는 일부를 재사용하려면 반드시 양측의 서면 동의를 받아야 합니다.
* 잘못된 책은 구입하신 서점에서 교환해드립니다. 기타 교환 문의 031)955-2661, 3580

WWW.MUNHAK.COM